JURASSIC PARK III™

Adapté par Scott Ciencin
D'après le scénario de Peter Buchman
et Alexander Payne & Jim Taylor
D'après les personnages
créés par Michael Crichton

JURASSIC PARK III™

Novélisation junior

Traduit de l'américain par Thomas Bauduret
et adapté par Isabelle Saint-Martin

POCKET
jeunesse

Titre original :
Jurassic Park III
Junior Novelization

Loi n° 49 956 du 16 juillet 1949 sur les publications destinées à la jeunesse : août 2001

Published by arrangement with Random House, Inc., New York, USA.

ISBN 2-266-11566-9

Prologue

Suspendu entre ciel et terre, Eric Kirby flottait au-dessus d'une mer sillonnée de vagues. Son parachute ascensionnel multicolore bruissait comme une aile géante. Le vent soulevait ses cheveux bruns et s'engouffrait dans sa chemise.

— C'est génial ! hurla-t-il. On va voir des dinosaures !

Ben Hildebrand, son coéquipier, brandit le caméscope.

— Et nous en aurons la preuve !

Eric éclata de rire. Ils survolaient la côte luxuriante d'Isla Sorna, à deux cents kilomètres au large du Costa Rica. C'était là que, quelques années auparavant, des généticiens de pointe avaient fait revivre des dinosaures dans l'espoir de créer un parc d'attractions préhistorique.

Mais Jurassic Park n'avait jamais officiellement ouvert ses portes. Après une série de morts accidentelles, les propriétaires avaient préféré abandonner le projet, et les autorités costaricaines, tout comme les Nations Unies, avaient fait d'Isla Sorna et d'Isla Nubar, sa voisine, une zone interdite de survol. Les navires non plus n'avaient pas le droit d'en approcher.

Bien sûr, Enrique, le conducteur du hors-bord, le *DinoSoar*, qui les tirait, se moquait de toutes ces restrictions. Quant à Eric, il trouvait enfin une occasion de voir de véritables dinosaures en chair et en os ; il n'aurait raté ça pour rien au monde !

Et tout cela grâce à Ben Hildebrand, le fiancé super-cool de sa mère. C'était la première fois, depuis la séparation de ses parents, qu'Eric faisait confiance à un adulte.

Ben était un grand amateur de sports extrêmes, ce qui faisait de lui le contraire du père d'Eric, terriblement pantouflard.

Plus c'est risqué, mieux ça va ! Telle était la

devise de Ben, ce qui convenait parfaitement à Eric. Bien sûr, il aimait son père, mais celui-ci, avec sa prudence exagérée, ne se serait *jamais* lancé dans une aventure aussi hasardeuse ! Ben avait peut-être raison lorsqu'il disait : *Qu'importe le danger pourvu qu'on réalise ses rêves !*

Soudain, la corde qui les reliait au hors-bord se tendit et une secousse ébranla le parachute.

— Hé ! s'écria Ben.

Il en lâcha le caméscope, heureusement accroché par une lanière à son cou.

Une seconde secousse fit sursauter Eric. Il crut entendre des cris étouffés montant du bateau. Le hors-bord avait disparu sous une épaisse nappe de brouillard. Lorsqu'il en émergea, le conducteur avait disparu. À sa place, Ben aperçut une flaque de sang.

— Ben ! cria le jeune garçon.

Bouche bée, celui-ci contemplait lui aussi cette vision d'horreur. Le hors-bord virait vers le nord et l'immensité de l'océan – dans cette direction, la terre la plus proche était à un bon millier de kilomètres !

— Je vais nous détacher ! lança Ben.

Avec des gestes nerveux, il entreprit de dégrafer les lanières qui les retenaient au bateau abandonné.

Le parachute rencontra alors un courant ascendant et s'éleva, poussé par un vent qui les chassait vers les impressionnantes falaises d'Isla Sorna.

Un frisson glaça Eric jusqu'à la moelle des os : il allait bien voir des dinosaures... et réaliser son rêve. Mais celui-ci venait de tourner au cauchemar.

Chapitre 1

GRRRRR-AAHHRRRRRR !

Un ankylosaure au dos hérissé de pointes percuta violemment le flanc d'un dinosaure au long cou. Non, cette scène ne se passait pas dans une forêt préhistorique. Les deux monstres s'affrontaient dans l'arrière-cour d'une maison, manipulés par un enfant de trois ans qui poussait des rugissements enthousiastes.

Accroupi devant le bac à sable, le Dr Alan Grant regardait jouer Charlie d'un air amusé.

— Tu sais, Charlie, en réalité, ces deux-là étaient herbivores. Ils ne se nourrissaient que de plantes. Ils n'avaient donc aucune raison de se battre. En revanche, ceux-ci...

Le paléontologue ramassa un tyrannosaure et un carnosaure en plastique. Ellie Slater, un bébé dans les bras, s'approcha alors.

— *Voici* des carnivores, continua le scientifique. Des mangeurs de viande. Regarde les griffes de celui-ci ! Elles lui servent à déchirer la gorge de ses adversaires.

Alan illustra son propos par quelques grognements bien sentis. Charlie ouvrit de grands yeux emplis d'effroi.

— Alan ! Il n'a que trois ans, intervint Ellie.

— Tu as raison.

Il fit danser les bestioles sur le rebord du bac à sable.

— Voici de joyeux dinosaures !

Ils entendirent une voiture s'arrêter non loin de là. Une portière claqua.

Mark Degler fit son apparition, un attaché-case à la main. C'était un bel homme au visage avenant, vêtu d'un costume chic.

Ellie et Mark s'embrassèrent tendrement sous le regard désapprobateur d'Alan.

— Comment vont les Affaires étrangères ? lança-t-il.

— Grâce à nous, le monde est en sécurité, dit Mark. Ellie, donne-moi le bébé.

La jeune femme obtempéra de bonne grâce.

— Mark, je te présente Alan Grant.

— Enchanté, répondit Mark en lui tendant sa main libre. J'ai beaucoup entendu parler de vous.

Malgré cet accueil, Alan se sentit de trop. Six ans plus tôt, il avait eu sa place dans la vie d'Ellie.

Après le dîner, Ellie raccompagna Alan à sa voiture de location, tandis que Mark se chargeait de coucher Charlie.

— Tu n'as pas beaucoup parlé travail, remarqua-t-elle. Ça ne te ressemble guère.

Alan haussa les épaules.

— Je doute que Mark se passionne pour les théories scientifiques et nos problèmes de financement.

— Eh bien, *moi*, ça m'intéresse. Alors, quoi de neuf ?

— Nous avons toujours eu du mal à collecter des fonds, expliqua Alan. Mais avant que le drame de Jurassic Park ne fasse la une des journaux du monde entier, il y avait toujours un moyen de trouver de l'argent quelque part. Maintenant, les fossiles n'intéressent plus personne. Les gens veulent voir des dinosaures en chair et en os.

Ellie acquiesça.

— Sur mon nouveau site archéologique, continua Alan, j'ai découvert des restes de raptors. J'ai donc pu développer ma théorie. D'après moi, si ces animaux avaient une vie sociale développée, c'est parce qu'ils étaient capables de communiquer entre eux.

Ellie frissonna.

— Par leurs cris ?

— Oui, un jour, je prouverai qu'ils émettaient des vocalises, comme les oiseaux. Si on m'en donne l'occasion...

— Les temps changent, Alan, mais tu restes le meilleur. J'en suis persuadée.

— En tout cas, le dernier. Bon, je ferais mieux d'y aller.

— Si tu as besoin d'aide, tu peux compter sur moi. N'hésite *surtout* pas à faire appel à moi. Toujours, et quoi qu'il arrive.

Alan hocha la tête et monta dans sa voiture. Elle avait refait sa vie et semblait heureuse. Il ne voulait pas qu'elle s'inquiète pour lui.

Quant à lui, il avait choisi de se consacrer à son travail. Et il y avait tant à faire !

La paléontologie, cette science à laquelle il avait consacré son existence, risquait de disparaître. Le grand public croyait que les scientifiques n'avaient désormais qu'à se rendre à Isla Sorna ou Isla Nubar – les deux sites de Jurassic Park – pour examiner les dinosaures. Mais Alan savait que ce n'était pas si facile.

Les dinosaures, les *vrais*, peuplaient la Terre il y a soixante-cinq millions d'années. Si l'on voulait connaître leur véritable mode de vie, il fallait étudier les fossiles existants – non les monstres que InGen Corporation avait recréés à partir d'une poignée de gènes. Alan restait l'un des derniers chercheurs à défendre l'étude des fossiles, désormais voués à l'oubli.

Ellie posa une main sur la sienne.

— Lorsque je t'ai rencontré, je croyais que les dinosaures avaient disparu de la planète. Mais tu m'as démontré le contraire. Avec la transformation de leur habitat, ils sont devenus... quelque chose d'autre. Ils ont évolué.

— C'est une théorie communément acceptée, remarqua Alan.

Ellie le dévisagea un long moment. De nouveau, l'homme ressentit ce lien qui les unissait, plus fort que tout.

— Alan, murmura-t-elle d'un ton plus sérieux qu'elle ne l'aurait voulu, n'aie pas peur d'évoluer, toi aussi.

Le lendemain matin, Alan arriva au chantier de base de Fort Pecke Lake, dans l'État du Montana. Il tomba sur Billy Brennan, un professeur nommé directeur du site, en train de faire du charme à Cheryl, l'une des douze étudiantes affectées à l'endroit.

— Docteur Grant ! s'exclama le jeune homme.

Tout à son enthousiasme, il planta là Cheryl pour s'emparer d'un des lourds sacs que transportait Alan.

— Vous avez fait bon voyage ? continua Billy. Avez-vous obtenu les fonds nécessaires pour continuer les fouilles ?

Alan secoua la tête.

— Dans quatre semaines, nous n'aurons plus un sou.

— Trois semaines ! renchérit joyeusement Billy. J'ai dû louer quelques appareils.

Ils se mirent à l'abri du soleil sous l'une des nombreuses tentes du campement. Les appareils dont Billy avait parlé se trouvaient non loin de là, sur une table. Alan fronça les sourcils en voyant le Macintosh poussiéreux qui transférait ses informations à un engin de la taille d'un petit réfrigérateur. Un bras articulé caressait de bas en haut une sorte de bloc de résine.

— Je vous présente l'avenir de la paléontologie ! s'écria Billy.

— Ah ouais ? fit Alan qui avait horreur de la technologie. Est-ce qu'il sait manier une pelle ?

— C'est un processeur ultra-rapide, expliqua Billy patiemment. Une fois qu'on a scanné le crâne du raptor, je lui fournis les données ; l'ordinateur se charge de les disséquer et cet appareil en tire une sculpture.

Le bras s'immobilisa brutalement. Billy souleva un petit couvercle et plongea la main à l'intérieur de la machine. Avec maintes précautions, il en tira un objet creux de la taille d'un poing. Il souffla dessus pour chasser la poussière résiduelle et le souleva en pleine lumière, comme s'il s'agissait du Saint-Graal.

— Je vous présente la caisse de résonance d'un vélociraptor ! dit-il avec fierté.

— Tu veux dire la *reconstitution informatique* de la caisse de résonance d'un vélociraptor ? corrigea Alan.

— Si vous voulez ! Maintenant, écoutez-moi ça !

Billy porta la caisse à ses lèvres et souffla dedans comme s'il s'agissait d'une conque.

Hrrrr-reeeeee !

On entendit un bruit perçant, le cri d'une bête surgie du passé. Non loin de là, une nuée d'oiseaux pris de panique s'égailla aussitôt.

Alan frissonna. La dernière fois qu'il avait entendu ce cri, c'était à Jurassic Park. Et là, il avait bien failli être mis en pièces par les raptors.

Il chassa ce souvenir désagréable pour se tourner vers son élève surdoué. Billy continuait de souffler dans la conque pour produire divers types de sons plus ou moins aigus.

— C'est magnifique, Billy. Mais je crains que cela ne vienne un peu tard.

Alan s'interrompit en voyant arriver une Cadillac qui s'arrêta devant l'ouverture de la tente. Un couple en descendit.

— Oh, j'oubliais ! dit Billy. J'ai rencontré deux amateurs qui mouraient d'envie de vous rencontrer. Je leur ai dit que vous seriez heureux de discuter avec eux.

La bonne humeur d'Alan se dissipa.

— Certainement pas. Nous sommes déjà assez en retard comme ça.

— Mais ils sont déjà là !

Un homme vint directement vers Alan.

— Docteur Grant ?

— Oui ?

— Paul Kirby, des entreprises Kirby.

Il tira de la poche de sa chemise une carte de visite.

Alan rangea la caisse de résonance dans son sac – il aurait tout le temps de l'examiner plus tard – et jeta un coup d'œil sur la carte que lui tendait Paul Kirby. Elle ne lui apprit rien, sinon qu'elle avait dû lui coûter assez cher.

— Je vous présente ma femme, Amanda, dit Paul.

Celle-ci serra la main d'Alan en souriant. Elle avait les traits tirés par la fatigue.

— Que puis-je faire pour vous ? demanda Alan sèchement.

— Voilà, je suis un de vos grands admirateurs et j'ai une proposition *extrêmement* intéressante à vous faire. Accepteriez-vous de dîner avec ma femme et moi ?

— Une autre fois, peut-être.

— Vous ne le regretterez pas, croyez-moi, insista Paul.

Derrière lui, Billy frotta son pouce contre son index en un geste éloquent. Ces gens étaient riches, *très* riches.

Alan réprima un grognement ennuyé et parvint à s'arracher un pâle sourire.

— Dans ce cas, avec plaisir.

Une heure plus tard, Alan et Billy étaient attablés à un restaurant-grill du coin, en face de Paul et Amanda.

— Voilà, commença Paul, Amanda et

moi aimons le grand air, l'aventure. Les Galapagos, l'Everest, le Nil... nous avons voyagé aux quatre coins du monde.

— Nous avons même deux réservations à bord du premier vol commercial à destination de la Lune, renchérit fièrement Amanda.

— Ah bon, grogna Alan, pas vraiment impressionné.

— Mais cette année, continua Paul, pour célébrer notre anniversaire de mariage, nous voulons entreprendre un voyage tel qu'on n'en fait qu'une fois dans sa vie. Nous avons donc loué un avion privé qui nous conduira à Isla Sorna. Et nous voudrions vous avoir pour guide.

Alan frémit. Les Kirby le regardaient comme s'ils venaient de lui faire un cadeau extraordinaire.

— Je suis désolé, soupira-t-il, mais pour rien au monde je n'approcherais de ces créatures. En revanche, je peux vous fournir une liste de paléontologues qui, *eux*, seraient susceptibles d'accepter votre offre.

— Mais vous êtes le meilleur de tous ! insista Paul. Vous avez vu ces animaux en chair et en os. Personne ne peut en dire autant.

Alan soupira de nouveau. Il avait affaire à un bavard débordant d'enthousiasme et, apparemment, il n'y avait pas moyen de le débrancher. Alan ne connaissait que trop ce genre d'individu. Par malheur, ce n'était pas une espèce en voie d'extinction.

— Non, rétorqua-t-il. De plus, après l'incident de San Diego, il est interdit de survoler l'île. Même en rase-mottes, vous ne verrez rien d'intéressant.

Paul fronça les sourcils. Il n'avait sans doute pas l'habitude de s'entendre répondre « non ».

— Nous avons une autorisation de survol, dit Amanda. Même très bas.

— À quelle altitude ?

— Je ne suis pas expert en la matière, convint Paul, mais je sais que c'est beaucoup plus bas qu'on ne le permet habituellement.

— Nous n'avons pas la moindre restriction, renchérit Amanda. Paul a fait jouer ses relations d'affaires, notamment au sein du gouvernement du Costa Rica.

Paul tira son carnet de chèques.

— Je vous propose une donation considérable pour soutenir vos recherches, docteur.

Billy écarquilla les yeux. Le regard qu'il jeta à Alan était assez éloquent. *Vous n'allez pas refuser une occasion pareille ?*

— Je peux inscrire ce que je veux sur ce chèque, dit Paul avec un grand sourire. De combien avez-vous besoin ?

Alan détourna les yeux. *Comment ai-je pu me laisser embringuer dans une histoire pareille ?*

Il avait juré de ne jamais plus remettre les pieds au Costa Rica. Mais s'il rejetait leur proposition, son site fermerait avant qu'il n'ait pu prouver sa théorie. Il était si près du but ! Si près de démontrer au monde entier que, même si on avait ressuscité les dinosaures, on avait toujours besoin de paléontologues.

Je suis à court d'argent, se dit-il. *Je n'ai plus vraiment le choix.*

Chapitre 2

Alan tenta en vain de s'installer un peu plus confortablement sur son siège trop étroit. Pour leur petite excursion, les Kirby avaient loué un Beechcraft Turboprop. Le petit avion volait dans un ciel d'un bleu immaculé.

Billy, assis en face d'Alan, était fort occupé à nettoyer les objectifs de son appareil photo avant de les ranger dans une mallette qui avait connu des jours meilleurs.

— Je sais que tu es sous-payé, remarqua Alan, mais même avec le peu que je te donne, tu pourrais t'offrir un sac neuf.

— Pas question ! rétorqua Billy. C'est mon porte-bonheur. Il y a deux ans, je suis allé en Nouvelle-Zélande faire du deltaplane avec des potes. J'ai sauté d'une de ces immenses falaises lorsqu'un courant contraire m'a envoyé contre la paroi. Bing ! Et c'est ce sac qui m'a sauvé la vie : la lanière s'est accrochée à un morceau de roche. Sans ça, je me cassais le cou.

— Ah ! railla Alan, voilà qui pourrait inverser la règle du darwinisme. Seuls les plus bêtes survivent.

Billy éclata de rire, puis reprit son sérieux.

— Franchement, Alan, c'est super de votre part de m'avoir emmené !

Alan haussa les épaules.

— À notre retour, ces fossiles seront toujours là. C'est ce qu'il y a de bien avec les squelettes : ils ne risquent pas de s'enfuir dès qu'on leur tourne le dos. De plus, c'est toi qui m'as entraîné là-dedans.

Là-dessus, Alan s'adossa à son siège et rabattit son chapeau sur ses yeux. Bercé par le bourdonnement constant du moteur, il ne tarda pas à s'endormir. Quelques heures plus tard, quand il se réveilla, il découvrit Isla Sorna qui s'élevait majestueusement sur les flots. Après le paysage désertique du

Montana, la végétation luxuriante de l'île lui sembla plus verte encore.

— Reconnaissez que vous êtes aussi enthousiaste que moi, dit Billy.

— Je ne reconnais rien du tout, marmonna Alan en se frottant les yeux.

L'avion descendit rapidement en direction de l'île et redressa à moins d'une centaine de mètres du sommet des arbres.

Alan repéra un premier dinosaure, qui traversait une clairière d'un pas lourd. Son cœur se mit à battre plus fort.

— Le voilà ! s'écria-t-il en désignant la bête au long cou. C'est un apatosaure. Regardez-moi ces couleurs !

Billy ouvrit de grands yeux stupéfaits.

— D'habitude, je ne les vois que sous forme de squelettes. C'est bizarre d'en rencontrer un bien vivant.

Le ton admiratif du jeune homme n'avait rien pour surprendre Alan. Il se souvenait de ce qu'il avait lui-même ressenti en découvrant pour la première fois les créations d'InGen. Face à ces monstres qu'on avait artificiellement rappelés d'un lointain passé, il avait eu l'impression de remonter le temps. C'était la concrétisation des rêves les plus fous de chaque écolier au monde. Un rêve qui n'avait pas tardé à devenir un cauchemar.

Maintenant, Alan savait ce qu'il en était réellement. Ces dinosaures n'étaient pas faits pour coexister avec l'homme. Ils ne lui avaient rien apporté, sinon la mort et la destruction. Et depuis ce terrible voyage, six ans auparavant, Alan avait juré d'oublier l'émerveillement qu'il avait ressenti en découvrant pour la première fois Jurassic Park. Même à cette distance, il ne voulait pas baisser sa garde.

Alors contente-toi de faire ton boulot de guide, puis casse-toi le plus vite possible, se dit-il en remarquant que Paul et Amanda ne regardaient même pas par le hublot.

— Monsieur et madame Kirby ! lança-t-il. Si vous vous tournez vers la droite, vous verrez...

Paul le repoussa d'un geste négligent de la main. Alan et Billy eurent l'air étonné.

— C'est étrange, murmura Billy, j'ai l'impression qu'ils ne s'entendent pas si bien que ça.

Alan se tourna de nouveau vers le hublot. C'était étrange, depuis le décollage, tout le monde avait gardé le silence. Le pilote et le copilote se montraient polis, sans être amicaux. Quant au steward, un homme sévère à lunettes noires, il restait assis, très raide, à quelques rangées derrière.

Pilote, copilote et steward portaient une tenue similaire : un pantalon et une chemise bleu marine avec un T-shirt assorti, des bottes de cuir et une montre de luxe. Alan n'aurait pu dire pourquoi, mais ces trois-là le mettaient mal à l'aise.

Soudain, il entendit un bourdonnement mécanique et le plancher trembla. Son sang se figea dans ses veines.

— Ne me dites pas que c'est le train d'atterrissage ?

Personne ne répondit.

Incrédule, Alan dévisagea ses compagnons.

— Vous n'avez pas le droit d'atterrir !

Paul se retourna vers lui :

— Docteur Grant, si vous voulez bien rester à votre place, nous vous expliquerons tout dans quelques instants.

— Vous ne pouvez pas faire ça !

Alan jaillit de son siège et se précipita vers le cockpit. S'il devait lutter pour s'emparer des commandes, il le ferait !

Déjà le steward l'attrapait par le col et l'attirait en arrière. Alan tenta de se débattre, mais d'un coup de poing bien placé, son adversaire l'envoya valser dans le néant.

— Eric ! Eric ! Tu es là, chéri ? Ben ! *Eric !*

La voix d'Amanda Kirby. Alan cligna des yeux pour chasser les brumes qui brouillaient sa vision, et reprit ses esprits.

Il gisait sur le plancher de l'avion, et sa tête lui faisait un mal de chien. Billy l'aida à se relever.

— Ils n'ont tout de même pas atterri ? demanda Alan.

Le silence de Billy était éloquent.

— Je pense qu'ils sont à la recherche de quelqu'un, finit-il par dire.

Il aida Alan à gagner la portière, puis à descendre les marches. Le petit avion était garé tout au bout d'une piste couverte de racines. Visiblement, elle serait bientôt engloutie par la jungle.

Le pilote, le copilote et le steward étaient en train d'examiner un stock d'armes. Une sueur glacée coula dans le dos d'Alan. Ces trois crétins ne savaient pas ce qu'ils s'apprêtaient à affronter.

— Comment allez-vous, docteur Grant ? lança Paul Kirby. Je suis désolé que M. Cooper se soit montré si...

Alan suivit du regard le trio qui disparaissait parmi les buissons, armé jusqu'aux dents.

— Que se passe-t-il ? Où vont-ils ?

— C'est M. Udesky qui mène toute l'équipe, expliqua Paul. Vous voyez, le petit moustachu ? Eh bien, avec M. Nash et M. Cooper, ils vont installer un périmètre de sécurité. Ces types sont des pros. L'un d'entre eux faisait partie des bérets verts, et...

Alan lui coupa la parole :

— Croyez-moi, monsieur Kirby, sur cette île, personne n'est en sécurité. La seule solution, c'est de remonter dans cet avion.

— ÉRIC !

Alan se retourna et vit Amanda qui se tenait au bout de la piste. Munie d'un mégaphone, elle lançait son appel vers la jungle.

— Vous pourriez dire à votre épouse de faire un peu moins de bruit ! conseilla Alan. Pour les animaux qui vivent sur cette île, nous ne sommes qu'un casse-croûte !

Paul mit ses mains en cornet sur sa bouche.

— Amanda ! Le Dr Grant dit que tu ne devrais pas faire ça !

— Quoi ? rétorqua Amanda dans le mégaphone.

Comme pour lui répondre, un rugissement assourdissant s'éleva de la jungle. Tous les regards se tournèrent dans cette direction mais personne ne bougea, cloué sur place.

— Qu'est-ce que c'était ? demanda Paul.

Billy fit un pas en arrière.

— Un tyrannosaure ? murmura-t-il.

— Je ne crois pas, répondit Alan.

Paul et Billy eurent un soupir de soulagement.

— Au bruit, reprit Alan, ça m'a l'air *plus gros* qu'un tyrannosaure.

Un bruissement agita les taillis tout proches. Soudain, Udesky et Nash jaillirent de la jungle et se précipitèrent vers l'avion.

— Vite, on fiche le camp ! lança Udesky.

Paul n'avait pas l'air d'accord.

— Qu'y a-t-il ? Vous ne pouvez pas...

— Tout le monde à bord ! ordonna Udesky. Et *vite* !

Chapitre 3

Alan ne se le fit pas dire deux fois. Il courut vers l'avion, escalada les marches d'un bond, puis s'installa sur le premier siège venu. Par le hublot, il vit Nash foncer vers le cockpit. Les autres s'empressèrent de monter à bord, puis attachèrent leurs ceintures. Udesky claqua la porte.

— Nous ne pouvons pas nous en aller comme ça ! lança Amanda à son mari.

Paul lui prit la main :

— Ne t'en fais pas, chérie. Nous allons faire le tour de l'île et nous poser à nouveau.

Billy, assis près de la porte, se tourna vers Udesky :

— Et votre collègue ?

— Coop est un pro. Il peut se débrouiller.

Soudain, un cri à glacer le sang s'éleva des profondeurs de la jungle, suivi par le crépitement d'une mitraillette. Alan regarda par son hublot, sans rien distinguer.

— On y va ! hurla Nash depuis le cockpit.

Udesky courut s'asseoir sur le siège du copilote. Nash fit vrombir le moteur.

Billy jeta un regard inquiet à Alan.

— Assieds-toi et attache ta ceinture, dit le chercheur alors que l'avion s'ébranlait. Nous ne pouvons plus rien pour lui.

L'avion prit de la vitesse sur la piste cabossée, non sans secouer ses passagers.

Par la vitre du cockpit, Alan vit une silhouette émerger de la jungle. C'était Cooper. Il resta là, au beau milieu de la piste, un bras pendant le long de son flanc, probablement blessé. Il leva l'autre et l'agita faiblement.

Udesky et Nash échangèrent un regard.

— Coop, murmura Nash, tu sais bien que je ne *peux pas* m'arrêter.

À ces mots, il mit pleins gaz. Il devait atteindre une vitesse suffisante pour pouvoir décoller.

Les doigts de Paul se crispèrent sur ses accoudoirs.

— Que faites-vous ? aboya-t-il. C'est M. Cooper ! Vous devez vous arrêter !

C'est alors qu'une ombre immense s'abattit sur le mercenaire blessé. Avec une rapidité et une férocité stupéfiantes, une paire de mâchoires se referma sur lui et le souleva dans les airs. Tandis que l'avion décollait devant le dinosaure, Alan ne fit qu'entrevoir un long mufle reptilien, des avant-bras puissants prolongés de griffes, et une queue hérissée de pointes. Et puis plus rien. Ils avaient dépassé la terrifiante créature.

Soudain, il y eut un rugissement furieux, un choc sourd, puis un jet écarlate aspergea le pare-brise. L'avion déséquilibré piqua vers la jungle, secouant ses passagers dans tous les sens.

Alan se cramponna du mieux qu'il put à son siège. Dans un fracas de métal, l'avion subit plusieurs impacts, perdant une aile, puis des morceaux de queue. Dans la carlingue, l'épouvante des occupants était à son comble. L'épave finit par s'immobiliser au milieu de la végétation luxuriante.

Alan respirait par à-coups. Il regarda autour de lui. Apparemment, personne n'était blessé.

— La radio est morte, lança Udesky. Nash, prends le téléphone de Kirby !

Paul tendit à Nash le téléphone par satellite. Le mercenaire composa un numéro.

— Nous sommes désolés, fit une voix enregistrée, mais toutes nos lignes sont occupées. Veuillez rappeler ultérieurement.

Alan décrocha sa ceinture, se fraya un chemin jusqu'à la portière et tourna la poignée. Elle ne s'ouvrit qu'à moitié... sur le vide. L'avion se trouvait à une dizaine de mètres du sol ! Réprimant un cri, Alan s'empressa de refermer la portière.

C'est alors qu'Amanda poussa un hurlement. Alan se retourna juste à temps pour voir la gueule béante d'un reptilien se dessiner derrière le cockpit. Des griffes acérées comme des rasoirs déchirèrent le fin métal de la coque, secouant l'épave dans tous les sens.

Cette fois-ci, Amanda ne fut pas la seule à hurler.

Puis les griffes disparurent et l'avion se

stabilisa de nouveau dans son berceau de branches. L'assaut s'était achevé aussi soudainement qu'il avait commencé.

— Il ne doit pas avoir envie de se contenter de sardines en boîte, murmura Paul.

Amanda lui jeta un regard dégoûté. Comment avait-il le cœur à plaisanter dans de telles circonstances ?

Nash et Udesky étaient toujours à leur place dans le cockpit. Quand le dinosaure réapparut, ils se tortillèrent sur leurs sièges.

— Vite ! Bougez-vous ! leur cria Alan.

Les mercenaires luttaient encore avec leurs ceintures de sécurité lorsque le dinosaure arracha le nez de l'appareil, les laissant suspendus dans le vide. L'épave pencha vers l'avant. Le sol apparut en contrebas.

Udesky dégrafa sa ceinture et se jeta vers l'intérieur de la cabine. Nash voulut le suivre, mais une gueule pleine de dents se referma sur sa jambe. Sous les yeux d'Alan, il disparut d'un coup, dans un glapissement de terreur.

Udesky progressait le long de la cabine lorsqu'il perdit pied, s'étala de tout son long sur le plancher et glissa vers le vide béant à l'avant de l'épave. Alan saisit son bras juste à temps !

Raaahhhrrr-ghrrrrr !

Un mufle gigantesque s'inséra violemment dans la carlingue de l'épave. Des mâchoires puissantes dévoilèrent des rangées de crocs dégoulinants de salive. Les yeux du monstre brûlaient de rage et d'avidité. Il tenta d'attraper Amanda ! Celle-ci replia ses jambes de justesse pour éviter les deux mâchoires qui claquèrent dans le vide. Billy détacha la ceinture d'Amanda et, avec l'aide de Paul, l'attira vers l'arrière de la carlingue. Le dinosaure se retira subitement. Déséquilibrée, l'épave oscilla et plongea la tête la première vers le sol.

Après que l'avion se fut écrasé, le silence retomba. Les passagers reprenaient à peine leurs esprits que, déjà, un œil énorme apparaissait devant le hublot. D'un grand coup de patte, le monstre projeta l'épave de l'autre côté de la clairière.

Secoués comme du linge dans un séchoir, les passagers furent bombardés d'objets divers qui volaient en tous sens.

Enfin, l'avion interrompit brutalement sa

course folle. Une série de pas lourds et rythmés se rapprochèrent de l'appareil. Brusquement, une patte immense s'abattit sur le fuselage délabré et l'aplatit comme un vulgaire cornet de papier.

— Par ici ! s'écria Alan en apercevant une griffe gigantesque dépecer la carcasse.

Il mena le groupe vers l'autre extrémité de l'avion, là où la queue avait été arrachée par le choc, et leur fit signe de s'enfoncer dans la jungle.

Un rugissement terrifiant s'éleva derrière eux. Alan vit son assistant se figer sur place. Bouche bée, Billy découvrait une partie de la bête qui les avait attaqués. Son corps était horrible ! Ses traits ne ressemblaient que vaguement aux dinosaures qu'il connaissait. Et ce monstre se lançait à leur poursuite !

Avec un soupir d'exaspération, Alan attrapa son assistant par le bras et l'entraîna à sa suite.

Chapitre 4

Le cœur battant, Alan menait le groupe à travers la jungle.

Les pas lourds du dinosaure résonnaient de plus en plus fort alors qu'il se rapprochait de ses proies. Le poids du monstre faisait trembler la terre.

Crrrraaac !

Un jeune arbre s'effondra tout près d'Alan. Leur poursuivant se frayait un chemin à travers la végétation. Il était presque sur eux !

Ils se glissèrent sous les taillis. Devant eux s'étendait une forêt d'arbres gigantesques.

Voilà notre chance ! se dit Alan. *Il n'aura jamais la place de passer !*

Il conduisit le groupe vers le passage étroit qui s'ouvrait entre les arbres. Alors qu'ils s'engageaient dans la forêt, un choc encore plus violent que les autres fit vibrer le sol sous leurs pieds.

RRRRROOOOOOAAAARRRR !

En entendant le rugissement de rage du dinosaure privé de son en-cas, Alan émit un sifflement de soulagement. La bête s'était jetée sur un large tronc qui avait tenu bon. Le monstre était incapable de poursuivre ses proies.

— Allez, en avant !

Alan était déterminé à mettre le plus d'espace possible entre lui et le prédateur. Il traversa donc la forêt à un train d'enfer, et ses compagnons le suivirent tant bien que mal. Finalement, les arbres s'espacèrent et la petite troupe se retrouva dans une clairière.

Soudain, Alan s'arrêta net. Les autres firent de même, tentant de reprendre leur souffle. Devant eux s'élevait une montagne d'écailles de la taille d'une maison.

Alan identifia l'animal qui se tenait là, immobile. C'était un immense sauropode au cou interminable – un herbivore. Cette bête-là était inoffensive, du moins tant qu'il ne lui prenait pas l'envie de vous piétiner ou de vous décocher un coup de queue.

Le monstre gisait sur le flanc, ses yeux grands ouverts fixant le vide.

— Ne vous inquiétez pas, dit Alan. Il est mort.

Le sauropode ressemblait à un datosaure, un herbivore du milieu du jurassique qui mesurait une bonne trentaine de mètres de la tête à la queue. On en trouvait dans le secteur de Dashanpu, en Chine centrale. Ces créatures s'acclimataient fort bien aux terres partiellement inondées. Sauf que... comment une bête d'une taille pareille pouvait-elle avoir atteint cette clairière ? Elle n'aurait jamais pu passer entre les arbres... Ce qui laissait supposer qu'un autre chemin devait exister dans les parages.

Brusquement, un rugissement sourd se fit entendre, et un Tyrannosaurus Rex adulte passa la tête par-dessus la carcasse. Ils l'avaient dérangé alors qu'il se repaissait de l'herbivore.

Derrière lui, Alan entendit des hoquets de terreur.

— Ne bougez pas, ordonna-t-il. Les tyrannosaures sont sensibles aux mouvements.

Lui-même demeurait immobile comme une statue. Le prédateur renifla l'air et poussa un grognement de dépit.

Alan savait mieux que personne qu'un tyrannosaure pouvait flairer une piste à des kilomètres de distance. Et leur petit groupe offrait un véritable cocktail d'odeurs : savon, après-rasage, parfum, transpiration. Rien d'habituel dans un tel environnement. Heureusement, la carcasse du dinosaure mort dégageait aussi un fort relent animal. Tant que personne ne bougeait, ils étaient...

Derrière lui, Alan entendit un bruissement. Il tourna lentement la tête.

— Oh, non... murmura-t-il.

Udesky déguerpissait en courant !

Alan se retourna vers le tyrannosaure. Le prédateur tendit la tête vers le mercenaire. Ses mâchoires dégoulinantes s'ouvrirent en grand et ses yeux jetèrent des éclairs.

GRRRROOOOOARRRR !

Le monstre poussa un long rugissement. Il abandonna la dépouille pour se précipiter vers le groupe d'humains, et ses pas secouèrent le sol.

Voyant que Paul, Amanda et Billy emboîtaient le pas au mercenaire, Alan fit de même, le tyrannosaure sur les talons !

Ils repartirent par où ils étaient venus, plongeant entre les énormes troncs. Le tyrannosaure réussit à se glisser entre les arbres malgré les branches qui le ralentissaient.

Il était toujours à leurs trousses.

Alan sauta par-dessus d'énormes racines, pataugea dans des tranchées boueuses et fonça tout droit vers les rayons de soleil dorés qui filtraient à l'autre bout de la forêt. Derrière eux, le tyrannosaure se frayait bruyamment un chemin au milieu des taillis. Il gagnait du terrain !

Billy et les autres, qui couraient devant Alan, avaient atteint l'orée de la forêt. Lorsque le chercheur les rejoignit, il ne tarda pas à comprendre pourquoi ils s'étaient arrêtés.

Une ombre immense s'interposait entre

le soleil et eux. Alan reconnut la silhouette d'un dinosaure encore plus gros que le prédateur qu'ils tentaient de fuir depuis le départ !

D'une bonne trentaine de mètres de long, le dinosaure les dominait d'au moins dix mètres de haut. Son dos se prolongeait par une queue osseuse, et sa tête évoquait celle d'un crocodile. Sa gueule aux puissantes mâchoires s'ouvrait sur deux rangées de crocs recourbés. Ses longues pattes de devant se terminaient par des mains à trois doigts munies de griffes impressionnantes. L'animal se dirigea vers l'homme le plus proche : Paul, qui restait planté là, bouche bée, yeux écarquillés.

Soudain, derrière eux, retentit un grand fracas suivi d'un rugissement. La créature leva la tête vers le tyrannosaure, puis émit un long ululement de défi.

Parfait ! se dit Alan. *Ils n'ont qu'à se disputer leur goûter. D'ici qu'ils en aient terminé, nous serons loin !*

— Allons-y ! lança-t-il à ses compagnons. Filons d'ici !

Le groupe s'éparpilla. Paul et Amanda

partirent dans une direction, Billy et Udesky dans une autre. Alan allait suivre son assistant et le mercenaire dans les taillis, lorsque son pied droit se prit dans un amas de branches. Il se retrouvait piégé entre le tyrannosaure, qui fonçait droit sur lui, gueule béante, et le premier monstre qui se ruait sur cette proie facile.

Il tira de toutes ses forces sur les branches qui le retenaient. Enfin, il réussit à dégager son pied.

Alors que deux immenses ombres s'abattaient sur lui, il plongea entre les troncs massifs et s'affala sur le sol. De là, il vit se percuter les deux titans dans un choc qui fit trembler la terre.

Le tyrannosaure décochait de grands coups de queue dans les flancs de son adversaire. Sous la force de l'impact, celui-ci battit en retraite... et se rapprocha d'Alan ! Le scientifique s'écarta juste à temps pour ne pas être écrasé sous son poids.

Alors que les géants s'affrontaient à coups de griffes et de crocs, Alan repéra ses compagnons, blottis dans les buissons à quelques mètres de là. Il se mit à courir dans leur direction, mais un immense choc secoua le sol et faillit le renverser. Le tyrannosaure était tombé à terre. Son corps massif lui barrait le chemin !

L'autre dinosaure fondit aussitôt sur son adversaire blessé, toutes griffes dehors, et visa la gorge.

Horrifié, Alan courut rejoindre Billy et les autres.

— Suivez-moi !

Il mena le groupe à travers les taillis alors que, derrière eux, le dinosaure poussait des rugissements de triomphe.

Vingt minutes plus tard, ils mirent fin à leur fuite éperdue. Alan les avait menés au cœur de la jungle, et lui-même dégoulinait de sueur. Furieux, il se tourna alors vers Paul Kirby et le plaqua contre un arbre.

— Maintenant, vous allez me dire la vérité : pourquoi nous avez-vous fait venir ici ?

Udesky fit un pas en avant, mais Alan lui jeta un regard si noir que le mercenaire se figea. Il en avait assez de toutes ces salades.

À présent, il voulait savoir ce qu'il en était réellement.

— Notre fils est là, quelque part sur cette île, geignit Amanda. Pour le retrouver, nous avons besoin de vous.

Paul, toujours cloué contre le tronc, tira une photo de sa poche.

— C'est lui, dit-il. Il s'appelle Eric. Il a treize ans. C'est un gamin extraordinaire.

Alan lâcha Paul et prit la photo, qui montrait un jeune homme aux cheveux sombres, aux yeux pétillants d'intelligence et au sourire malicieux.

— Il est venu ici avec un homme du nom de Ben Hildebrand, ajouta Amanda.

Billy leva un sourcil curieux.

— Qui est-ce ?

— Son nouveau petit ami, fit Paul, amer.

— Un *ami*, s'empressa de préciser Amanda. Nous étions en vacances dans le coin. Eric voulait absolument voir l'île et les dinosaures : Ben a trouvé quelqu'un qui les y emmènerait en parachute ascensionnel. Une compagnie du nom de DinoSoar. À première vue, cela paraissait alléchant. Mais ils ne sont jamais revenus.

— Nous avons fait tout notre possible, renchérit Paul. Nous avons fait jouer toutes nos relations. Personne n'a voulu intervenir. Le représentant de l'ambassade des États-Unis nous a conseillé de nous « résigner à l'inévitable ». Incroyable, non ?

— C'est pour ça que vous avez embauché des mercenaires, dit Alan.

— Le terme de « mercenaires » ne me semble pas approprié, rétorqua sèchement Udesky, et...

Alan lui coupa la parole sans quitter Paul du regard :

— Vous nous avez trompés.

— Il nous fallait quelqu'un qui connaisse cette île, expliqua Paul. Quelqu'un qui y soit déjà venu.

Alan le dévisagea, incrédule.

— Vous voulez rire ? Je n'ai jamais mis le pied sur cette île !

— Oh, si ! Vous avez écrit ce livre...

Billy se racla la gorge :

— Il parlait d'Isla Nublar. Nous sommes sur Isla Sorna. La seconde île.

Paul se tourna vers Udesky et dit d'une voix sourde :

— Je ne savais pas qu'il y en avait deux.

— Mais, docteur Grant, intervint Amanda, vous avez déjà été en contact avec ces dinosaures et y avez survécu. Vous avez sauvé ces enfants.

Alan n'en revenait pas. C'était de la folie furieuse ! Il en venait à se demander s'ils parlaient le même langage.

— Certains d'entre nous ont survécu, corrigea-t-il. Un *petit* nombre. Et nous étions bien mieux préparés que nous ne le sommes aujourd'hui.

Il poussa un soupir de lassitude, regarda Amanda, puis Paul. Ces gens étaient hagards, prêts à accepter n'importe quelle solution, si désespérée fût-elle.

Un instant, Alan fit l'effort de se mettre à leur place. Si Ellie et lui ne s'étaient pas séparés, si c'était *son* fils qui se retrouvait dans une telle situation, n'aurait-il pas fait l'impossible pour le sauver ?

— Depuis combien de temps a-t-il disparu ?

Amanda et Paul échangèrent un regard furtif. Paul se redressa.

— Huit semaines.

Alan en resta sans voix. Puis il se tourna vers Billy, qui avait l'air tout aussi stupéfait. *Huit semaines ? Huit semaines dans cet enfer ? Autant dire huit années !*

Ces malheureux parents n'avaient plus rien que le fol espoir de retrouver leur fils vivant. C'était leur seule et unique motivation. Cependant, elle risquait de les entraîner vers une mort certaine, et leurs compagnons avec eux.

— Après ce que vous avez vu, risqua doucement Alan, croyez-vous encore possible de retrouver votre fils vivant ?

Amanda accusa le coup.

— Il est dégourdi ! protesta-t-elle. Et il s'y connaît en dinosaures !

Sans laisser à quiconque le temps d'ajouter quoi que ce soit, Alan leva la main :

— Non, madame, je suis désolé. Nous allons tâcher de récupérer ce que nous pourrons de l'avion et nous regagnerons la côte. On y trouvera peut-être un vieux bateau ou quelque chose qui nous permette de quitter cette île au plus vite.

— Docteur Grant ! intervint Paul âprement. Nous ne partirons pas d'ici sans notre fils.

— Agissez comme vous voulez, de toute façon vous risquez de ne pas en sortir vivants.

Là-dessus, Alan se dirigea vers l'avion, suivi de Billy.

— Que faut-il faire ? demanda Paul à ses compagnons.

— Je propose de chercher votre fils, dit Udeski.

— Par où commence-t-on ?

Le mercenaire hésita puis s'éclaircit la gorge :

— Suivons déjà le Dr Grant.

Chapitre 5

Les cinq survivants inspectèrent minutieusement les restes de l'épave, tâchant de récupérer tout ce qui pouvait être utilisable.

Billy retrouva son appareil photo intact dans sa mallette. Alan dégagea un sac à dos. Amanda mit la main sur sa valise, ce qui lui permit d'aller se changer derrière l'avion. Paul l'accompagna et, à cette occasion, elle put constater combien son mari avait maigri.

— Tu as perdu beaucoup de poids ? demanda-t-elle.

— Dans les douze kilos, dit-il, content qu'elle l'ait remarqué. J'ai fait de la natation.

— Je croyais que tu avais horreur de ça ?

— J'ai changé, murmura-t-il.

Et il crut bon d'ajouter :

— Tu as l'air en forme.

— Toi aussi.

Leurs regards se croisèrent mais elle se détourna très vite.

De son côté, Billy prenait des photos d'une énorme empreinte laissée par le dinosaure qui les avait attaqués. Celle-ci se découpait très nettement dans le sol boueux.

— De toute évidence, c'est un prédateur dominant, observa-t-il.

Alan acquiesça. Il consulta mentalement la liste des sauriens susceptibles de correspondre à cette empreinte.

— Vu son mufle, je dirais que c'est un Suchomimus, suggéra Billy.

— Il est trop gros.

— Un Baryonix ?

— Non, pas avec cette crête. C'est un Spinosaurus Aegypticus.

— Je ne me souviens pas de l'avoir vu sur la listc d'InGen, remarqua Billy.

— Normal : il ne s'y trouvait pas. Qui sait ce qu'ils peuvent avoir manigancé en cachette ?

Alan et Billy jetèrent à Paul un regard lourd de soupçons. En effet, l'entrepreneur était en train de lutter avec son sac à dos. À le voir, on aurait dit qu'il n'en avait jamais manipulé de sa vie.

— Dites-moi, monsieur Kirby, demanda Billy, lorsque vous avez escaladé le K2, avez-vous installé votre camp de base à dix ou douze mille mètres ?

— Douze mille, je crois, répondit Paul. Pour être plus près du sommet.

— Donc, à mille mètres au-dessus dudit sommet, rétorqua Billy. C'est curieux : en général, les alpinistes se souviennent de la hauteur des montagnes qu'ils ont escaladées.

Paul dissimulait mal son embarras.

— Je présume que l'entreprise Kirby n'existe pas ? renchérit Alan.

— Oh, si ! s'empressa de répondre Paul. C'est une boutique. Les peintures et dallages Kirby. Nous sommes installés en plein centre commercial de Westgate, à Eunid, dans l'Oklahoma.

Billy secoua la tête d'un air accablé.

— Et je présume que ce chèque que vous nous avez signé ne vaut pas un clou ?

— Attendez, intervint Udesky, irrité, M. Kirby nous a avancé la moitié de nos honoraires. En liquide.

— Et pour y parvenir, j'ai dû hypothéquer tout ce que j'avais, reconnut Paul. Y compris le magasin. Si nous retrouvons mon fils et réussissons à quitter cette île, je vous jure que je vous paierai la somme promise, même si je dois travailler toute ma vie pour y arriver.

Alan et Udesky échangèrent un regard peu convaincu.

— Toute votre vie, hein ? fit le mercenaire. Elle sera peut-être plus courte que vous ne le pensez.

Alors qu'Alan guidait le petit groupe au beau milieu de la jungle, une tache de couleur vive apparut entre deux branches.

La toile d'un parachute ascensionnel !

Alan envoya Billy et Udesky y voir de plus près. Ceux-ci découvrirent un gilet de sauvetage de petite taille... et le squelette d'un adulte.

— Ce doit être Ben, conclut Amanda, très calme.

— Emportons le parachute, dit Alan. Nous pourrons toujours l'utiliser pour attirer l'attention au cas où un avion survolerait l'île.

Soudain, les yeux d'Amanda s'emplirent de larmes.

— Non ! Notre enfant est là, quelque part dans cette jungle. Il faut le retrouver !

Elle s'enfuit en courant. Paul et Udesky coururent la rattraper.

Alan regarda Billy.

— En toute logique, nous n'avons pas la moindre chance de le retrouver en vie.

— Hé, n'allez pas m'accuser d'être trop logique ! grommela le jeune chercheur qui finissait d'emballer le parachute dans son sac à dos.

Alan acquiesça et suivit les autres, Billy sur ses talons.

Ils trouvèrent Amanda, Paul et Udesky en contemplation devant un vaste nid de dinosaures. Celui-ci contenait une douzaine d'œufs de la taille d'un ballon de rugby, disposés en spirales.

Alan les identifia au premier coup d'œil, et un frisson descendit le long de son échine.

— Des raptors, dit-il.

Chapitre 6

Alan traversait la forêt à une telle allure que les autres le suivaient à grand-peine. Mais ils ne pouvaient pas se permettre de ralentir, il ne le savait que trop.

— Qu'est-ce qu'un raptor ? s'enquit Amanda.

— Ça n'est pas si grand que ça, dit Udesky. Aucune comparaison avec ce monstre à crête.

— Si nous en croisons un, nous aurons peut-être une chance de survivre, confirma Alan.

— Voilà une bonne nouvelle ! fit Paul, soulagé.

— L'ennui, c'est qu'il est rare qu'ils se

déplacent autrement qu'en meute, ajouta Alan.

Tout d'un coup, Amanda s'arrêta net :

— Où est Billy ?

Alan scruta les arbres environnants à la recherche de son assistant. Il savait que les raptors pouvaient s'emparer de leur proie en silence, avec une efficacité redoutable.

— Billy ! appela-t-il par pur réflexe. Billy !

— Je croyais qu'il ne fallait pas crier, chuchota Amanda.

— Je suis là !

Quelques branches s'agitèrent, puis le jeune homme surgit des taillis.

— J'ai pris des photos sensationnelles du nid ! s'écria-t-il, ravi. Nous tenons la preuve que les raptors forment des colonies pour élever leurs petits ! Ce qui dénote une structure sociale plus étendue et...

Alan lui coupa la parole :

— Ce n'est pas le moment de débattre de la vie sociale des raptors !

— Je me disais qu'on pourrait écrire un article en collaboration...

— Tu as bien retenu la première leçon

d'un universitaire, grogna Alan, écœuré. Publier ou... *périr*.

Il se détourna, furieux, espérant que son assistant se le tiendrait pour dit.

Quelques heures plus tard, ils atteignirent le vaste campement d'InGen Corporation. Ils n'avaient pas vu l'ombre d'un raptor. Ils étaient en sécurité – pour le moment.

Le parking surdimensionné était jonché de véhicules abandonnés. Certains gisaient sur le flanc, voire carrément sur le toit.

Eh bien, se dit Alan, *apparemment, nous devons nous résigner à rejoindre la côte à pied.*

Mal à l'aise, il examina un pare-brise enfoncé.

On dirait qu'un bélier géant l'a percuté.

Ils avancèrent jusqu'à la porte d'un immense bâtiment. Alan crut discerner du coin de l'œil des mouvements furtifs sur l'immense corniche rocheuse qui dominait le complexe. Mais lorsqu'il regarda dans cette direction, il ne vit rien du tout.

On se calme ! se dit-il. *Voilà que j'ai peur*

de mon ombre. Du moins j'espère que ce ne n'est qu'une ombre.

À l'intérieur du bâtiment, le hall jadis imposant était peu à peu envahi par la jungle. Des racines, des herbes poussaient dans les fissures du sol et des murs. Dans la salle d'attente, on avait déchiqueté les coussins des chaises et des canapés. Des tasses de café sales et des cendriers pleins jonchaient les tables.

Alan se dirigea vers le distributeur d'eau fraîche pour ne découvrir qu'un filet d'un brun couleur de rouille. Un battement d'aile lui fit lever la tête : des oiseaux avaient fait leur nid entre les poutres du plafond. Un silence étrange planait sur l'immense salle. Toute cette désolation le mettait mal à l'aise.

— Eric ! cria Amanda.

— Tu es là, fiston ? lança Paul.

Pas de réponse.

Alan suivit des yeux Amanda qui allait décrocher le téléphone posé à l'autre bout de la réception. Comme il s'y attendait, la ligne était coupée.

— Mon Dieu ! s'écria Paul, de la nourriture !

Il désigna du doigt deux distributeurs à l'extrémité du long vestibule que la forêt envahissait peu à peu. Il fouilla frénétiquement dans ses poches à la recherche de quelques pièces.

— Voyons, fit-il, j'ai là un dollar soixante-quinze. Et vous ?

Billy le dévisageait d'un air excédé. Pour toute réponse, il se contenta de fracasser les vitres d'un coup de botte.

— Voilà ce que c'est d'être trop civilisé, soupira Paul.

Billy tendit les barres de chocolat et les paquets de friandises à Alan.

— Nous avons tout le temps de manger, dit celui-ci. D'abord, il faudrait trouver des armes et des moyens de communication.

— Nous devons vérifier que l'endroit est sûr, ajouta Udesky.

Le groupe partit explorer le reste du bâtiment. Alan poussa une double porte et se retrouva dans une couveuse immense et caverneuse.

Les équipements ressemblaient fort à ce

qu'il avait vu sur Isla Nubar, la première île, mais l'installation était plus grande.

En descendant la rampe qui menait au rez-de-chaussée, Alan examina l'incroyable profusion d'appareils ultra-sophistiqués. Il remarqua un vaste réfrigérateur hors d'usage. Tout autour étaient installés des incubateurs vides et des réservoirs de formol contenant des fœtus de dinosaures et divers spécimens anatomiques. Derrière les tapis roulants qui sillonnaient la salle sur différents niveaux, on voyait des machines reliées à un réseau complexe de tubes et pourvues de bras articulés.

Amanda se tourna vers Alan :

— Alors, c'est avec tout ceci qu'on fabrique des dinosaures ?

— C'est comme ça qu'on se prend pour Dieu, commenta-t-il amèrement.

Impressionné, Billy parcourait des yeux le gigantesque laboratoire.

— Je peux prendre des photos ? demanda-t-il.

Alan hocha la tête. Amanda s'arrêta devant les dinosaures reposant dans leur bain de formol.

— Il y a un écriteau, indiqua-t-elle. « Raptors ».

Elle scruta la tête de la bête morte... puis poussa un grand cri. Un raptor bien vivant venait de jaillir de derrière le réservoir !

Sa gueule béante dévoilait une rangée de crocs fendus et écaillés, mais acérés comme des rasoirs. Ses puissantes mains à trois doigts lacérèrent le vide de leurs griffes tandis que les crochets rétractables qui prolongeaient ses pattes cliquetaient sur le sol.

Amanda hurla quand la bave du monstre lui aspergea le visage.

Mais l'espace entre les réservoirs était trop étroit pour que la créature puisse s'emparer de sa proie.

— Amanda ! cria Paul.

— En arrière, vite ! ordonna Alan.

Il conduisit le groupe à travers le labo. Pourvu qu'il trouve un chemin avant que le raptor ne puisse se dépêtrer des réservoirs !

Ils traversèrent le hall au pas de course, examinant au passage chaque porte, cherchant une issue ou au moins une cachette. Lorsque l'animal apparut à une dizaine de mètres environ derrière eux, Paul plongea vers la porte la plus proche. Alan et les autres le suivirent, et le paléontologue referma le lourd battant derrière eux. Mais il déchanta vite : la serrure était électrique. Ils étaient pris au piège !

Ils longèrent une grande allée entourée de cages d'acier grandes ouvertes. Naguère, elles devaient contenir de jeunes dinosaures, tel un chenil.

Soudain, le raptor fit irruption dans la salle et bondit sur les proies les plus proches – en l'occurrence Billy et Udesky. Tous deux se précipitèrent sur une des cages et fermèrent la porte derrière eux. Le prédateur siffla de rage.

Alan, Paul et Amanda entrèrent dans une autre cage. Quand ils voulurent la fermer, les gonds rouillés émirent un grincement d'outre-tombe qui attira l'attention du raptor.

Sans leur laisser le temps de claquer la grille sur eux, le dinosaure se jeta dessus en un accès de fureur aveugle, fracassant les barreaux d'un coup de patte.

Le trio se retrouva coincé entre la cloison grillagée et la porte arrachée. Le prédateur

Les mâchoires puissantes du dinosaure dévoilèrent des rangées de crocs acérés.

Les pas lourds du tyrannosaure résonnaient de plus en plus fort alors qu'il se rapprochait de ses proies.

Le tyrannosaure, face à son adversaire, poussa un rugissement de fureur.

Le petit groupe atteignit enfin le vaste campement d'InGen Corporation.

Alan découvrit une vaste salle remplie de réservoirs de formol contenant des fœtus de dinosaures.

Un raptor bien vivant venait de surgir devant Amanda.

Dans un accès de fureur,
le raptor se jeta sur la porte de la cage.

Alan guida Billy et les autres au beau milieu de la horde de hadrosaures en déroute.

Alan se retrouva encerclé par les raptors.

Éric et Alan, le spinosaure à leurs trousses, longèrent la grille à la recherche d'une ouverture.

Billy s'engagea sur la passerelle qui s'enfonçait dans les profondeurs du canyon.

À la lumière cauchemardesque des éclairs, ils virent la silhouette du spinosaure émerger des flots noirs.

Impuissants, Alan, Amanda et Éric observaient le spinosaure escalader la grue à laquelle Paul était suspendu.

– Les œufs, dit Alan. Ils veulent récupérer les œufs.

– Docteur Grant, dit Éric, je crois
que vous pouvez dire un grand merci à votre amie.

fou de rage tenta de les griffer à travers les barreaux. Puis il se mit à pencher la tête d'un côté, puis de l'autre, cherchant un autre moyen d'atteindre ses proies.

Alan suivit son regard jusqu'au sommet de la cage dépourvue de toit. Le dinosaure ne tarderait pas à trouver la solution !

En effet : avec un sifflement de triomphe, la bête fit un bond et entreprit d'escalader le grillage.

Amanda fut la première à réagir. Ses doigts se refermèrent sur la porte, et elle s'écria :

— Poussez !

Paul et Alan la rejoignirent et s'efforcèrent de faire bouger la porte défoncée. Celle-ci râpa le sol sans bouger d'un centimètre. Soudain, elle s'abattit comme un arbre déraciné, entraînant le raptor qui tentait toujours de l'escalader.

Alors que la porte allait s'écraser contre le mur, le raptor lâcha prise et tomba dans la cage voisine. Aussitôt, Amanda ferma le verrou, l'enfermant derrière le panneau qui s'élevait jusqu'au plafond.

Alan savait que la bestiole finirait par se

libérer, mais il n'allait certainement pas l'attendre tranquillement ! Il courut vers l'autre extrémité de la salle et ouvrit la lourde porte de sortie. Paul, Amanda, Billy et Udesky le suivirent.

Hrrrrr-reeeee ! hurla le raptor en luttant pour se libérer. Il se jeta contre les parois de sa prison en feulant de rage, mais la cage tint bon.

Hrrrrr-reeeee !

— Ce cri ! s'exclama Billy.

Alan acquiesça. Billy avait produit exactement le même avec sa caisse de résonance.

— Je crois qu'il appelle à l'aide, observa Alan.

Le petit groupe gagna l'arrière du laboratoire pour accéder à une cour. Alors qu'ils continuaient leur chemin vers la forêt, ils entendaient toujours les appels au secours du dinosaure.

Jusqu'à ce qu'il obtienne une réponse.

Un concert de hurlements s'éleva soudain de la jungle qui les entourait. Les raptors communiquaient entre eux !

Alan n'arrivait pas à y croire. Sa théorie était juste, il en détenait la preuve irréfutable. Malheureusement, il n'était pas sûr de survivre assez longtemps pour le démontrer.

Devant lui, une horde de hadrosaures terrifiés par les cris des raptors traversa la cour. Une douzaine de prédateurs jaillit de la jungle pour se lancer à leur poursuite.

— Courez vers les arbres ! cria Alan.

Un autre cri résonna juste derrière lui. Il se retourna pour constater que la bête qu'ils avaient prise au piège avait réussi à se libérer et leur barrait la porte du labo.

Alan examina sommairement la façon dont s'organisaient les raptors. L'un d'entre eux, sans doute le mâle dominant, menait le petit groupe en formation de chasse. Ce qui lui donna une idée.

— Par là, dit-il.

Il guida Billy et les autres au beau milieu de la horde de hadrosaures en déroute.

— Restez groupés ! Restez...

Inutile : en quelques secondes, ils se retrouvèrent éparpillés au beau milieu du chaos. Alan jeta de nouveau un regard en arrière.

Son plan avait échoué. Dédaignant les

hadrosaures, les raptors semblaient considérer les humains comme des proies plus faciles.

Je n'y comprends rien, se dit le paléontologue. *S'ils veulent juste se nourrir, pourquoi ne pas s'en prendre aux hadrosaures ?*

Alors qu'il se détournait pour ne pas se faire écraser par les créatures prises de folie, Alan vit tomber Billy. Il réprima un cri. Son assistant venait-il de se faire happer par un raptor ? Refoulant un premier réflexe d'effroi, il se dirigea au milieu des hadrosaures qui cavalaient dans tous les sens, trouva l'appareil photo et l'attrapa au passage. La lanière s'était cassée, ou avait été tranchée net par les griffes acérées d'un raptor.

C'est alors qu'il entendit des voix derrière lui. Parmi la meute paniquée, il aperçut Billy et ses compagnons qui avaient réussi à se regrouper. Ils étaient déjà menacés par une nouvelle attaque de raptors.

— Alan ! cria Billy.

— Fuyez ! Vite ! répondit Alan.

Désormais, ils n'avaient plus le choix : ils devaient se séparer.

Chapitre 7

Perché sur un réseau inextricable de branches, le Dr Alan Grant assistait au coucher du soleil. La nuit ne tarderait pas à tomber.

À quelques mètres en dessous de lui, une meute de raptors furieux ne le quittait pas de l'œil. Pour l'instant, il était hors de portée, mais ils n'abandonneraient pas si facilement.

Alan avait beau trembler de peur, il ne pouvait s'empêcher d'étudier la façon dont ils communiquaient entre eux. Leurs trilles et leurs aboiements ressemblaient à des chants d'oiseaux cauchemardesques, avec un rythme, une structure. Comme un vrai langage.

Ils ne cessaient de répéter la même chose. À voix basse, il imita leurs appels.

Qu'est-ce que cela peut bien signifier ? se demanda-t-il en plongeant le regard dans les yeux sombres d'un des prédateurs. *Que peux-tu bien raconter ?*

La créature lui répondit par cette même série de trilles et d'aboiements. Puis, soudain, l'un des raptors bondit. Ses mâchoires claquèrent à quelques centimètres de son pied.

Alan leva les yeux. Il aurait bien voulu monter un peu plus haut, mais les branches semblaient trop fragiles pour supporter son poids.

Il crut alors distinguer un autre bruit plus proche que le concert des prédateurs. Un *craquement*.

La branche sur laquelle il se tenait était en train de céder !

Luttant contre l'affolement, il regarda les raptors assemblés. Ils ne tarderaient pas à avoir leur repas...

Crac. Clac. Hssssss...

Soudain, un petit objet cylindrique atterrit à la base de l'arbre, libérant un nuage de brouillard graisseux ! Quatre autres cylindres tombèrent parmi les sauriens en crachant leur brume âcre. Les prédateurs reculèrent en sifflant de douleur, tournèrent les talons et s'enfuirent d'un pas d'aveugle.

Le gaz brûlait les yeux d'Alan. Cependant, il aperçut une silhouette humaine qui traversait le brouillard.

— Venez vite ! cria une voix. Ils ne vont pas tarder à revenir.

Alan descendit tant bien que mal jusqu'au sol. Une petite main sale lui prit le bras. Toussant, crachant, titubant, il courut pour sortir du nuage toxique.

Au bout de plusieurs minutes fort désagréables, la vision d'Alan finit par se rétablir. Il se trouvait au plus profond de la jungle et n'entendait plus les raptors. La mystérieuse silhouette le conduisit jusqu'au lit rocailleux d'un torrent.

Dans la lueur dorée du crépuscule, il put enfin découvrir le visage de son sauveur. Le garçon retira le morceau de chiffon qui recouvrait son nez et sa bouche. Au premier abord, Alan ne vit que la couche de crasse qui maculait la peau de l'adolescent et la veste de camouflage faite de feuilles qui recouvrait ses vêtements en lambeaux. Puis le garçon retira ses grosses lunettes de soudeur, découvrant les yeux pétillants de vivacité et d'intelligence qu'Alan avait vus récemment sur une photo.

Eric Kirby.

Sauf... que son regard avait quelque chose de différent. Quelque chose de sauvage.

Il n'avait même plus l'air humain.

Chapitre 8

Eric emmena l'homme qu'il avait sauvé vers sa tanière. Le nouveau venu semblait bien maladroit, de plus il marchait en martelant le sol d'une façon particulièrement bruyante qui risquait d'attirer l'attention des prédateurs.

Finalement, ils atteignirent un étang marécageux où un camion-citerne était immergé jusqu'aux phares. Eric ouvrit la trappe et se glissa à l'intérieur. L'homme le suivit, puis la trappe se referma avec un « clang » sonore. Eric la verrouilla avant d'allumer une lampe torche.

Ses quartiers n'étaient guère plus grands que l'intérieur d'une camionnette.

— Eric... dit l'homme.

Le garçon leva les mains pour le faire taire, tendit l'oreille : ses tympans étaient habitués à discerner le bruit familier des prédateurs. Puis il se tourna vers son nouveau compagnon.

— Eric, dit l'inconnu, tes parents sont là, tous les deux.

— Au Costa Rica ? demanda le garçon, incrédule.

— Non. Ici, sur cette île.

Ses épaules s'affaissèrent.

— Alors ils ne s'en sortiront jamais, dit-il tranquillement. D'autant qu'ils sont du genre à perdre les pédales à la moindre panne d'électricité !

— Nul ne sait ce dont les gens sont capables dans les situations extrêmes.

Eric avait envie de le croire. Le visage de l'inconnu lui rappelait quelqu'un. Mais il n'avait pas vu d'être humain depuis si longtemps qu'il en finissait presque par se prendre lui-même pour l'un des animaux qui hantaient l'île. Les souvenirs qu'il gardait des hommes, de leurs visages, de leurs voix s'effaçaient peu à peu.

Il alluma une seconde lampe qui dissipa

quelque peu la pénombre, examina son interlocuteur de plus près et, soudain, ce fut le déclic :

— Vous êtes Alan Grant ! s'exclama-t-il.

Le paléontologue parut étonné qu'il le reconnaisse.

— J'ai lu vos deux livres, précisa Eric.

— Lequel as-tu préféré ?

— Le premier. Celui que vous avez publié avant d'aller sur cette île. Lorsque vous aimiez encore les dinosaures.

Le Dr Grant eut un petit rire amer.

— En ce temps-là, ils n'avaient pas encore tenté de me dévorer tout cru !

— Que faites-vous ici ?

— Tes parents m'ont proposé de les accompagner. Ils sont venus te chercher.

Le scientifique parcourut des yeux la cachette que s'était aménagée le jeune garçon. Il fut impressionné. Eric avait récupéré pas mal d'objets laissés sur place par les gens d'InGen : lanternes à piles, jumelles et emballages de friandises en témoignaient. Voilà des semaines qu'il se nourrissait principalement de chocolat, de chips et autres saletés.

— Lorsque l'InGen a évacué les lieux, ils ont abandonné une bonne partie de leur matériel, expliqua Eric.

— Des armes, aussi ?

— Vous avez profité de ma dernière grenade à gaz.

— Je t'en remercie.

Le Dr Grant repéra une bouteille à moitié remplie d'un liquide jaunâtre. Il la ramassa.

— Ne l'ouvrez pas ! s'empressa de dire Eric.

— Pourquoi ?

— Ça vient d'un T. Rex. Ce liquide me permet d'écarter les plus petits dinosaures, mais semble en attirer un autre, un vrai mastodonte avec une crête sur le dos.

Le Dr Grant reposa soigneusement la bouteille.

— Tu n'as rien d'autre qui puisse servir d'arme ?

Eric lui montra un long bâton électrifié comme on en utilise pour conduire le bétail.

— J'ai bien trouvé ça, mais la batterie est morte.

— Quand je pense que tu es vivant, Eric, c'est incroyable ! J'ai à peine tenu une trentaine d'heures dans cet enfer. Et toi, ça fait huit semaines que tu es là !

Le jeune garçon haussa les épaules.

— Huit semaines ? C'est tout ?

Il aurait juré être là depuis beaucoup plus longtemps.

— Le plus important, affirma Alan Grant d'un ton rassurant, c'est que nous soyons vivants tous les deux. Cela nous fait un point en commun.

Eric eut une moue dubitative.

— As-tu lu le livre de Malcolm ? demanda le Dr Grant.

— Oui.

Ian Malcolm était un autre scientifique, le rival du Dr Grant. Et tout comme lui, il s'était retrouvé coincé à Jurassic Park.

— Qu'est-ce que tu en as pensé ?

— Pas terrible. Toujours à mettre sa théorie du chaos à toutes les sauces. Ce n'est que mon avis, mais on aurait dit qu'il s'écoutait parler.

Le Dr Grant eut un sourire.

— Voilà un second point que nous avons en commun.

Eric avait du mal à suivre le fil de la

conversation. Il était fatigué et mourait de faim. Il tira de sa poche la barre chocolatée qu'il avait récupérée juste avant de voir le Dr Grant aux prises avec les raptors. Il avait appris à ses dépens qu'il valait mieux ne pas stocker trop de nourriture dans son abri.

Il en était à la moitié de son casse-croûte lorsqu'il vit son compagnon saliver.

Ah, oui, se dit-il. *Il faut partager. C'est de coutume chez les humains.*

— Tenez, dit-il en tendant l'autre moitié de la barre au Dr Grant.

Il regarda, fasciné, cet estimé paléontologue habituellement beaucoup plus réservé, se jeter dessus comme un tyrannosaure sur sa proie.

À quelques kilomètres de là, les parents d'Eric se faisaient toujours un sang d'encre. Ils s'étaient perchés au sommet d'un arbre avec Billy, mais ils n'étaient pas en sécurité, loin de là. Udesky avait succombé à l'assaut des raptors. Du moins n'en voyaient-ils plus depuis un certain temps. Ils avaient donc décidé de passer la nuit là où ils se trouvaient. À l'aube, ils se remettraient à la recherche de leur fils – et d'Alan.

En voyant pleurer sa femme, Paul se pencha vers elle :

— Tu sais, Amanda, tu n'es pas responsable de tout ce qui s'est passé.

Elle renifla. Ses paroles n'avaient pas l'air de lui remonter le moral.

— Eric a toujours été têtu comme une mule, continua-t-il. Il suffisait qu'il rencontre un casse-cou comme Ben Hildebrand, et...

— Et quoi ?

— Et rien du tout. Je ne veux pas dire du mal des morts. En fait, tout cela n'est que le résultat d'un stupide accident. Si Eric avait été avec moi, les choses ne se seraient pas passées autrement.

Amanda secoua la tête.

— Non, murmura-t-elle. Avec toi, rien de tout cela ne serait arrivé.

Elle parlait d'une voix empreinte de tristesse et de regret – pour son fils, mais aussi pour leur couple.

— J'en avais assez d'être coincée en plein Oklahoma. Je voulais voir autre chose. Tu vois, tout ce qui s'est produit est ma faute. Je suis désolée de t'avoir entraîné dans cette galère.

La réponse de Paul fut simple et sans réplique :

— Moi, je ne regrette rien.

Amanda tourna vers son mari un visage baigné de larmes. Elle lui était reconnaissante, mais pas seulement à cause de sa réponse. Pour la première fois depuis des années, elle était contente d'être à ses côtés.

Chapitre 9

Le soleil se leva sur Isla Sorna, dévoilant une forêt nimbée de brumes vaporeuses. Eric referma la porte de sa tanière pour la dernière fois, du moins l'espérait-il. Alors qu'Alan et lui s'apprêtaient à quitter le camion, il tira de sa poche son bien le plus précieux et l'offrit au chercheur.

— Vous savez ce que c'est ? demanda-t-il.

Alan examina l'objet acéré en forme de faucille.

— C'est une griffe de raptor. J'en avais une, moi aussi. Un fossile.

Eric sourit en se rappelant dans quelles circonstances il avait obtenu ce trophée.

— Le mien est presque neuf.

Alan lui jeta un drôle de regard, puis lui

tendit la griffe avec circonspection, comme s'il approchait ses doigts de la gueule d'un animal particulièrement dangereux. En le voyant si mal à l'aise, Eric regretta cette vanité déplacée. Celle d'un chasseur qui exhibe son plus beau trophée...

Tant pis, se dit Eric. Il finirait bien par perdre ce côté sauvage, animal qu'il avait dû développer afin de survivre. Au fil du temps, il redeviendrait un être humain. Il le fallait. Il ne supporterait pas qu'un jour, son père ou sa mère le regardent de la même façon que le Dr Grant en ce moment.

Mais Alan ne tarda pas à se reprendre.

— Est-ce que tu as cherché à explorer l'île ?

— J'ai préféré ne pas m'éloigner du camp.

Ce qui n'était pas tout à fait vrai.

Parfois, il avait dû s'écarter au plus vite du complexe. Mais s'il parlait au Dr Grant de ce qui lui était arrivé, celui-ci ne le considérerait plus jamais comme un garçon de treize ans à peu près normal.

— Je me suis dit que, si les secours arrivaient, c'est là qu'ils commenceraient leurs recherches.

— Maintenant, il faut regagner la côte.

Eric s'arrêta net.

— Et mes parents ?

— Ils ont déjà exploré le camp et ont pu constater que tu n'y étais pas. Ils vont certainement faire leur possible pour se rendre vers la côte.

— Vous en êtes sûr ?

— Pourquoi ?

— Plus on se rapproche de l'eau, affirma Eric, plus *ils* sont gros.

Eric et Alan poursuivirent leur chemin en silence. Dieu sait où pouvaient se cacher les dinosaures : ils devaient faire le moins de bruit possible.

Lorsqu'ils atteignirent une clairière, ils découvrirent une corniche qui surplombait la lointaine rivière nappée de brume. Alan tira ses jumelles.

— Il y a une vieille barge abandonnée sur la rive, annonça-t-il. Elle semble en bon état.

— C'est un canot de sauvetage ? demanda Eric.

— Non, juste un vieux rafiot qu'InGen a laissé. Mais l'essentiel, c'est qu'il flotte. Nous pourrions descendre la rivière pour gagner l'océan.

Eric ouvrit la bouche pour répondre, mais Alan le coupa d'un geste sec.

— *Après* que nous aurons trouvé tes parents, bien sûr. Avec un peu de chance, les garde-côtes costaricains viendront nous sauver.

— Et nous pourrons rentrer chez nous ?

Alan acquiesça alors qu'ils s'enfonçaient à nouveau dans la jungle.

— Nous pourrons rentrer chez nous.

Soudain, une sonnerie familière se fit entendre devant eux. Eric reconnut cette mélodie grêle et irritante :

— On dirait le téléphone de mon père !

Il partit en courant. Alan tenta de le retenir, mais le garçon était trop rapide pour lui.

— Attends ! cria Alan. Tu es sûr ?

Eric siffla le petit thème électronique.

— « Peintures et dallages Kirby – À Westgate » !

La sonnerie semblait d'ailleurs s'amplifier.

— Papa ? Papa ?

Tout d'un coup, Eric n'avait plus rien d'un garçon sauvage, endurci par la nécessité de survivre. Il redevenait un gamin qui voulait retrouver ses parents pour qu'ils l'emmènent loin de cet enfer.

C'était tout ce qui comptait désormais. Le téléphone se tut, mais il repérait maintenant d'autres bruits. Des voix. Qui criaient son nom.

— Maman ! Papa ! répondit Eric de toute la force de ses poumons.

Il déboucha dans une prairie et les vit enfin.

— Eric !

Alors qu'il fonçait les rejoindre, il perçut toute une gamme d'émotions sur leur visage – de l'incrédulité, de la joie, de la terreur, du soulagement, de l'amour. Cela faisait longtemps qu'il n'avait pas assisté à un tel déploiement d'émotions, et son cœur se gonfla de joie.

Une seule chose s'interposait entre ses

parents et lui : une des clôtures géantes anti-dinosaures installées par InGen. Eric se jeta dessus mais, en levant les yeux, il comprit qu'il ne pourrait pas l'escalader pour sauter de l'autre côté. Le sommet était couronné d'une rangée de pointes rouillées.

Paul et Amanda tentèrent d'étreindre leur fils à travers la clôture, mais seuls leurs doigts purent l'atteindre. Amanda réussit néanmoins à l'embrasser.

— Mon chéri, dit-elle, à bout de souffle. Tu n'as rien ! Tu n'as rien !

Le père d'Eric se redressa fièrement.

— Je n'en ai jamais douté. Pas un seul instant. Nous, les Kirby, sommes d'une autre trempe, hein ?

— C'est vrai, acquiesça Eric.

Amanda humecta de salive un pan de son chemisier et tenta d'essuyer la crasse qui maculait le visage de son fils. Celui-ci n'eut même pas l'idée de reculer. Il lui sourit et la laissa le débarbouiller comme un gamin.

Paul posa une main sur l'épaule de sa femme.

— Chérie, tu n'as pas assez de salive.

Amanda éclata de rire. Eric eut l'impression que c'était la première fois qu'il la voyait rire depuis des mois.

Billy rattrapa les Kirby au moment où Alan rejoignait Eric. Le chercheur jeta un regard dépité à la grille.

— Il doit bien y avoir une ouverture.

Ils se mirent à marcher le long de la clôture, cherchant un accroc. Eric restait le plus près possible de ses parents.

— Dis-moi, demanda son père, comment as-tu pu deviner que nous étions là ?

— J'ai entendu sonner ton téléphone. Ce stupide thème du magasin.

— Mon téléphone ? répondit Paul.

Il fronça les sourcils d'un air surpris. Il fouilla dans ses poches, puis dans son sac à dos.

— Où est-il ? s'étonna Amanda.

— Je ne sais pas. Je n'ai pas l'impression de l'avoir emporté.

— Quand t'en es-tu servi pour la dernière fois ?

— Je ne m'en souviens pas, dit Paul.

— Cherche encore, répliqua Amanda qui perdait peu à peu son calme.

— Dans l'avion, répondit Paul. On m'a

appelé, puis j'ai remis l'appareil dans la poche de ma veste, et...

Soudain, il se rappela et son visage se décomposa sous l'effet de l'horreur.

— Qu'est-ce qu'il y a ? interrogea Amanda. QU'EST-CE QU'IL Y A ?

— Je l'ai prêté à Nash, répondit Paul à voix basse. Il devait l'avoir sur lui lorsque...

Eric regarda successivement ses parents, Billy, puis Alan. Tous semblaient glacés d'effroi.

— Je ne comprends pas, dit le garçon. Qui est Nash ?

La sonnerie s'éleva de nouveau, accompagnée de pas sonores. Quelque chose approchait. Quelque chose d'*énorme*.

— Lorsque l'avion a été détruit, dit Alan, Nash était...

Eric entendit un grondement, suivi du bruit d'un arbre qui se rompait. L'énorme dinosaure apparut alors de son côté de la clôture et s'immobilisa à l'orée de la jungle. Il faisait bien trois mètres de haut et quinze de long. Sa tête de crocodile arborait une gueule pleine de longs crocs acérés. Sur son dos, une crête évoquant la voile d'un bateau luisait à la lumière du soleil.

Un spinosaure, se dit Eric. *Et ce type, ce Nash, lui avait servi de petit déjeuner.*

— Filons, souffla Alan.

Ils bondirent alors que la bestiole se dégageait des arbres. Amanda, Paul et Billy les suivirent de l'autre côté de la grille.

Alan désigna un trou dans le grillage, probablement foré par un dinosaure plus petit.

— Par là ! cria-t-il.

Eric plongea dans l'ouverture, roula sur lui-même et se releva. Il vit qu'Alan suivait le même chemin. Le spinosaure était sur ses talons. Sa gueule allait se refermer sur ses jambes lorsque Alan réussit à gagner l'autre côté !

CLAC !

Le spinosaure fit claquer ses énormes mâchoires. Avec un rugissement terrible et une effrayante sauvagerie, l'animal se jeta sur la clôture, toutes griffes dehors.

Ils coururent vers un bâtiment de béton situé au bord de la falaise. Eric jeta un coup d'œil en arrière : le monstre venait d'enfoncer la clôture. Il fondait sur eux !

Lorsqu'ils atteignirent le bâtiment, Alan ouvrit les portes d'acier, et ses compagnons se précipitèrent à l'intérieur. Les pas sourds du dinosaure résonnèrent de plus en plus. Alan claqua les panneaux métalliques. De toute évidence, ceux-ci, avec leurs énormes verrous, étaient conçus pour résister à une bombe atomique. Il bouclait le dernier lorsque le spinosaure se jeta sur les battants.

Eric retint son souffle. Les gonds grincèrent mais tinrent bon. Le dinosaure frappa encore et encore, tel un bélier, puis griffa la porte. Finalement, il parut renoncer. Il ne pourrait jamais entrer.

Les parents d'Eric poussèrent un grand soupir, puis tous deux prirent leur fils dans leurs bras. Eric eut un mouvement de recul. Il ne pouvait s'en empêcher. Il n'aimait plus qu'on le touche, il en avait perdu l'habitude mais ne demandait qu'à la reprendre ! Il inspira profondément et leur rendit leur étreinte.

Il ne voulait plus les quitter. Plus jamais.

À quelques mètres de là, Alan jeta un coup d'œil autour de lui. Ils se trouvaient dans une salle pourvue d'immenses baies offrant une vue imprenable sur le canyon en contrebas.

On dirait une sorte d'observatoire. Mais pour observer quoi ?

Un épais brouillard venait de se lever. On ne voyait rien.

Billy s'approcha de lui.

— Et Udesky ? demanda Alan. Où est-il ?

Son assistant hocha tristement la tête.

— Les raptors l'ont eu. Ils l'ont pris au piège. Vous vous rendez compte ? Ils l'ont blessé. Ils voulaient que nous venions l'aider ! Et c'est ce que nous avons fait. Alors ils nous ont sauté dessus. Nous nous sommes enfuis, nous avons escaladé un arbre, mais Udesky y est resté.

Alan l'écoutait, la mine lugubre.

— Nous pouvons nous en sortir. Il ne faut pas baisser les bras.

Il se dirigea vers le centre de la pièce, où un escalier en spirale permettait de gagner l'étage inférieur.

— Un instant, reprit Billy. Je voulais vous dire à quel point je suis désolé. À cause de moi, vous auriez pu y rester, j'en suis conscient. C'était vraiment idiot de ma part.

Alan dévisagea son élève sans comprendre.

— Je vous en prie, continuait Billy, enguirlandez-moi. Traitez-moi d'idiot. J'ai fait une grosse bêtise.

Alan fronça les sourcils. Il ne comprenait rien mais ne tenait pas à en savoir davantage.

Billy baissa la tête et chuchota avec une mine de conspirateur :

— Qu'en avez-vous fait ?

— De *quoi* ? s'écria Alan. Billy, de quoi parles-tu ?

— C'est dans mon sac, avoua-t-il.

Alan l'ouvrit et découvrit deux œufs de raptor. Intacts, tous les deux. Voilà des heures qu'il les trimballait sur lui.

— Je me disais, s'empressa d'expliquer Billy, qu'il suffirait de les rapporter sur le continent pour pouvoir les étudier en environnement contrôlé.

Alan n'en revenait pas. Ces bestioles le pourchassaient sans répit depuis des heures, non sans raison. Ils voulaient récupérer leurs œufs !

— De plus, ajouta Billy encore plus vite, nous n'aurions aucun mal à trouver des fonds. Assez pour financer notre chantier durant dix ans. Ou davantage. Le temps qu'il faudra.

Atterré, Alan secoua la tête.

— Je croyais bien faire, acheva Billy.

— Certaines des pires horreurs que l'esprit puisse concevoir, rétorqua son patron, ont été créées avec les meilleures intentions du monde. Tu as agi sans réfléchir un seul instant aux conséquences, pour toi comme pour les autres.

Billy resta bouche bée, frappé par la sourde colère qui vibrait dans sa voix.

— Tu ne vaux pas mieux que ceux qui ont construit cet endroit, conclut Alan.

Là-dessus, il tourna les talons, laissant Billy saisir le sens de ses paroles.

Chapitre 10

Alan s'arrêta au centre de la pièce. Il ne pouvait toujours pas avaler ce qu'il venait d'apprendre.

Paul s'approcha de lui :

— D'après vous, à quoi peut bien servir cet endroit ?

— C'est une sorte d'observatoire. Il domine le canyon.

Eric acquiesça :

— On a vu un bateau en bas, au bord de la rivière. On pourrait le prendre pour quitter l'île.

— Venez, dit Alan.

Il descendit l'escalier en spirale, laissant Billy se débattre avec sa conscience. Paul et les autres emboîtèrent le pas du chercheur et Billy finit par en faire autant, mais à bonne distance.

L'escalier rouillé débouchait à l'extérieur, sous l'observatoire. Malgré le brouillard, ils avaient une vue assez dégagée pour repérer la rivière et la barge en contrebas.

Alan leva la mallette de Billy et s'apprêtait à la jeter dans le canyon lorsque Paul intervint :

— Je crois qu'il vaut mieux garder les œufs. Du moins jusqu'à ce que nous ayons quitté cette île.

— Mais, coupa Eric, les raptors risquent de nous suivre pour les récupérer !

— Ils risquent de nous suivre de toute façon, reprit Paul. Cela fait des années que je tiens un commerce, assez pour avoir au moins retenu cette leçon : quand on détient une chose qui intéresse un adversaire, on ne doit pas la lâcher. Ces monstres veulent notre mort, mais encore plus leurs œufs. C'est le seul avantage que nous ayons sur eux.

Alan avait l'impression de le voir sous un nouveau jour. Cet homme valait finalement beaucoup mieux que le père aux abois ou le mauvais menteur qu'il avait d'abord perçu en lui.

Sans répondre, le chercheur ouvrit son sac à dos pour y ranger la mallette. Il descendit ensuite vers un petit mirador d'où partait une volée de marches métalliques rouillées qui s'enfonçait jusqu'au fond du canyon.

Cependant, il n'alla pas bien loin : au bout de quelques pas, l'escalier céda sous ses pieds. Paul l'attrapa par le bras et tint bon alors que la structure de métal s'effondrait. L'escalier rebondit contre les parois rocheuses, puis alla s'écraser en bas.

— Ça va ? demanda Paul.

Ébranlé, Alan acquiesça. Il se tourna vers ce qui constituait désormais leur seule issue : une frêle passerelle qui partait du mirador.

— Et si nous essayions de passer par là ? proposa-t-il.

— Vous pensez qu'elle nous mènera jusqu'en bas ? demanda Eric.

Le brouillard était si dense qu'ils ne voyaient même pas où elle aboutissait.

— Il n'y a qu'une façon de le savoir, répondit Alan.

Il avait failli finir au fond du gouffre et en avait encore les jambes flageolantes, mais il devait se reprendre et aller de l'avant. Cependant, à l'idée de tout ce vide sous ses pieds, son estomac se révulsait.

Bravement, il s'engagea sur la passerelle, immédiatement suivi d'Amanda. Sous leurs poids conjugués, le métal émit un grincement peu engageant. Il jeta un coup d'œil vers la jeune femme qui s'était immobilisée, paralysée par la frayeur.

— Mieux vaut passer un par un, observa-t-il.

Amanda acquiesça et s'empressa de regagner le mirador.

Alan poursuivit son chemin d'un pas circonspect. L'épais brouillard se referma sur lui. Bien vite, il perdit de vue les autres – et il savait qu'eux-mêmes ne pouvaient plus le voir.

Il progressa ainsi durant quelques minutes, puis s'arrêta. Il avait atteint une poutre de support qui formait un palier, lui permettant de reprendre son souffle.

Un appel lui parvint alors, rompant le silence presque surnaturel.

— Docteur Grant ?

C'était Paul. Il semblait angoissé, comme s'il redoutait de ne pas recevoir de réponse.

— Je suis là ! cria-t-il. Vous pouvez venir, mais un par un !

Amanda s'engagea à son tour sur la passerelle. Elle se tourna vers Eric.

— N'aie pas peur, dit-elle. Je te laisse quelques instants, mais je ne serai pas loin...

— Maman, répondit Eric d'un ton neutre, j'ai survécu tout seul sur cette île pendant huit semaines. Je pense pouvoir me passer de toi pendant deux minutes.

Paul et Amanda échangèrent un regard éloquent. Leur « bébé » n'était plus un bébé. Celui-ci décocha un sourire à sa mère. Elle répondit d'un signe de tête et s'avança sur la passerelle pour disparaître dans le brouillard.

Une chose était sûre : maintenant, ils se trouvaient tous dans le même bain.

En attendant que les autres le rejoignent, Alan tenta de discerner un peu mieux l'endroit où il se trouvait et à quoi il pouvait bien servir. Des poutrelles soutenaient un toit en arc de cercle composé de grillages. On aurait dit une immense cage. Mais qu'était-elle censée contenir ?

La passerelle grinça : quelqu'un s'approchait. Amanda finit par émerger du brouillard.

— Une promenade de santé, commenta-t-elle en levant les yeux au ciel.

— N'est-ce pas ? renchérit Alan.

Amanda se retourna et cria :

— C'est bon, Eric ! Tu peux y aller !

Alan avança sur le support latéral pour faire de la place aux autres. Lorsque sa main toucha la rambarde, il heurta une substance blanche et durcie qui tomba en poudre dans le vide. En levant les yeux, il remarqua une immense barre recouverte de cette même substance.

— Oh non ! murmura-t-il.

Soudain, il se faisait une idée très claire de ce qu'était cette substance blanche – et de ce que ce grillage devait contenir.

— Qu'est-ce que c'est ? s'enquit Amanda.

— Une gigantesque cage à oiseaux.

Amanda ouvrit des yeux pleins d'effroi.

— Quel genre d'oiseaux ?

— Encore une espèce qu'InGen a négligé de mettre sur sa liste.

C'est alors qu'ils entendirent les appels d'Eric.

— Nous avons de la compagnie ! cria Eric pour prévenir les autres.

Le garçon recula lentement sur la passerelle cependant qu'une silhouette effrayante émergeait du brouillard. Un ptéranodon adulte. Il mesurait presque trois mètres de haut et marchait debout sur ses pattes griffues. Ses ailes d'une envergure d'une dizaine de mètres étaient repliées comme celles d'une chauve-souris.

La crête conique striée d'orange et de noir qui saillait sur sa nuque suffisait à l'identifier : c'était bien un ptéranodon. À cette différence près qu'aucun ptéranodon n'aurait jamais dû atteindre une telle taille. Cette créature était un géant de son espèce. Elle avait été conçue ainsi.

À la façon dont la passerelle oscillait sous ses pas, Eric en conclut qu'il pesait probablement plus que les trente à quarante kilos d'un ptéranodon de cette taille. Ce qui voulait dire qu'il était probablement plus fort que ceux qui sillonnaient les airs soixante-cinq millions d'années auparavant – plus fort et capable de tout. Un véritable ptéranodon n'aurait pu soulever un adolescent comme Eric. Mais cette créature....

L'animal le fixait d'un regard terrifiant.

Durant ces huit semaines, Eric avait plus d'une fois fixé des yeux noirs et avides comme ceux-ci.

— *Alors tu veux me manger ?* pensa-t-il en un défi muet. *Il faudra d'abord que tu m'attrapes !*

Il tourna les talons et partit en courant sur la passerelle bringuebalante. Le ptéranodon déploya ses ailes et vola dans sa direction.

Eric fonçait vers son père et Billy. Mais avant qu'il n'ait pu les atteindre, le ptéranodon l'arracha à la passerelle. Eric poussa un hurlement.

Alan et Amanda arrivèrent en courant et croisèrent Paul à mi-chemin. Ils virent, horrifiés, le ptéranodon battre des ailes pour compenser le poids d'Eric et s'évanouir dans le brouillard.

Alan regarda autour de lui. Aucune trace de Billy. Puis il surprit un mouvement. Son assistant grimpait l'escalier en spirale menant au laboratoire.

— Où vas-tu ? lança-t-il.

— Nous devons le sauver, répondit Billy, et je crois savoir comment !

Le ptéranodon emmena Eric dans les profondeurs du canyon. Ils survolèrent une petite avancée rocheuse isolée.

Puis la créature poussa un cri et lâcha Eric, qui tomba comme une pierre dans la nappe de brume !

Chapitre 11

Eric atterrit avec perte et fracas dans ce qui ressemblait à un cercle fait de boue séchée et de branches de la taille d'une antenne satellite géante. Quelque chose craqua sous lui. En baissant les yeux, il vit qu'il avait déboulé sur un tas d'ossements soigneusement nettoyés.

Puis un crâne humain roula sur ses genoux.

Eric ravala un hurlement d'horreur lorsqu'il entendit un cri perçant au-dessus de lui.

Caaaaahhhhrrrr !

Il leva les yeux et vit six bébés ptéranodons qui se jetaient sur lui en faisant claquer leurs becs pointus.

Il comprit qu'il allait devenir la version préhistorique d'une friandise que l'on offre aux enfants. Mais il n'entendait pas se laisser dévorer sans réagir. Il avait appris sur le tas à se servir de tout ce qui pouvait lui tomber sous la main. Il saisit le crâne d'une main et un lourd tibia de dinosaure de l'autre puis brandit ses armes improvisées alors que les oisillons couraient vers lui en piaillant.

Paul s'engagea sur une autre passerelle qui s'enfonçait dans les profondeurs du canyon.

Amanda et Alan le suivaient tant bien que mal.

— Où est-il ? cria sa femme. Tu le vois ?

Paul se retourna pour répondre :

— Non, mais j'essaie ! Cette espèce d'oiseau est parti par là !

Alan entendit un bruit qui provenait d'un point situé loin au-dessus de lui. Il leva les yeux : Billy se penchait par l'une des verrières d'observation. Il comprit ce que mijotait son assistant, et un frisson lui parcourut l'échine.

— Attends, Billy ! cria-t-il.

Son assistant baissa les yeux.

— Tout va bien. Je sais ce que je fais.

Sautant par-dessus le rebord, il se laissa tomber dans le canyon. Il passa devant Alan et les Kirby, puis continua de filer comme une pierre vers une mort certaine.

C'est alors qu'une aile colorée se déploya devant lui, le parachute ascensionnel de Dino-Soar qu'il avait récupéré dans l'épave !

Il accrocha un courant ascendant et se mit à remonter dans le ciel.

D'un air déterminé, Billy s'approcha dangereusement des parois, puis prit la direction vers laquelle Eric avait disparu.

Paul tourna au coin de la passerelle et finit par apercevoir Eric, à une centaine de mètres de là. Il affrontait les jeunes ptéranodons qui occupaient le nid.

— Tiens bon, Eric ! s'écria-t-il.

Bien qu'il doutât que son fils puisse l'entendre.

La passerelle le mena à un plateau rocheux. Il se rapprochait... Mais un peu plus loin, il vit qu'une portion de la passerelle s'était effondrée, laissant un trou béant de trois bons mètres. Pourrait-il sauter si loin ?

Il entendit Amanda et Alan qui arrivaient à sa hauteur, mais ne tint pas compte de leurs appels. Il prit son courage à deux mains, ignorant la peur qui le tenaillait.

Il inspira profondément.

Soudain, un second ptéranodon se posa bruyamment au-dessus de la passerelle, au bord d'un trou béant dans le grillage. La structure tout entière grinça sous son poids.

La bestiole passa la tête par l'ouverture et tenta d'attraper ces trois belles proies. Son bec claqua à quelques centimètres d'eux.

Ils voulurent rebrousser chemin mais le ptéranodon s'envola puis s'abattit près d'un autre trou dans le grillage, leur bloquant le passage.

Le long de la passerelle, les poutres de soutien émirent des grincements menaçants. Des joints craquèrent et la structure tout entière se mit à osciller.

Eric avait beau repousser les petits monstres à grands coups de poing et de pied, il savait qu'il ne pourrait tenir indéfiniment. Billy finit par atteindre le nid et le survola en rase-mottes dans un grand sifflement.

Lâchant ses armes, Eric sauta aussi haut qu'il le put. Ses doigts s'agrippèrent à la jambe de Billy et s'y cramponnèrent. Ballotté d'un côté à l'autre, il sentit ses bras le tirailler douloureusement mais tint bon.

La rivière et les parois du canyon défilèrent sous eux. Soudain, la mère ptéranodon les repéra. Elle fondit sur eux et, d'un coup de bec, déchira la toile du parachute.

Eric et Billy plongèrent vers le sol.

Alan regarda d'un œil las le ptéranodon qui venait de se poser au-dessus de la passerelle. Les ailes déployées, piétinant furieusement le grillage, il avait passé la tête par l'ouverture et tentait de les attraper.

Il secouait la structure métallique avec une telle violence qu'Alan dut se cramponner à la rambarde pour ne pas tomber. Amanda et Paul firent de même.

Soudain, le grillage céda sous les pattes du ptéranodon, qui passa à travers et atterrit sur la passerelle. Alan et les Kirby étaient pris au piège avec ce monstre enragé !

Le reptile bondit vers eux, agitant les ailes en hurlant de colère. Alan et les parents d'Eric coururent pour lui échapper le long de la structure en mouvement. Plus loin, une section entière de la passerelle s'était effondrée.

Le ptéranodon redoublait d'efforts. La structure émit un concert de grincements menaçants et pencha sur le côté. Finalement, elle céda sous le poids de l'énorme reptile. Il y eut une longue plainte du métal, puis un claquement sec : toute la section où ils se trouvaient se détacha du mur et se retourna. Alan et ses compagnons tombèrent droit sur le grillage qui, quelques instants plus tôt, servait encore de toit.

Cahhhrrrrr !

Le ptéranodon raffermit sa prise sur la passerelle, puis grimpa telle une araignée géante vers les trois humains.

Eric et Billy descendirent le plus près possible de la rivière tandis que le ptéranodon décrivait des cercles autour d'eux.

— On lâche tout ! cria Billy. C'est la seule solution !

Eric baissa les yeux sur les flots tempétueux et se laissa tomber. Il plongea dans l'eau glaciale avec un grand « plouf ».

Il fit surface et nagea frénétiquement vers le rivage. Il n'était pas encore sauvé, loin de là. Il savait que les ptéranodons chassaient aussi au-dessus des cours d'eau et en arrachaient tout ce qui flottait à la surface.

Il jeta un regard plein d'effroi par-dessus son épaule, mais le ptéranodon était loin de là. En revanche, il aperçut Billy qui tentait de regagner de l'altitude malgré un parachute mal en point.

Sous les yeux horrifiés d'Eric, son sauveteur fut entraîné vers les parois du canyon ! Le harnais de Billy se coinça entre deux rochers. Le jeune homme se retrouva suspendu entre ciel et terre, à découvert, au beau milieu du territoire de chasse des ptéranodons.

Accrochés à la paroi, Alan, Paul et Amanda regardaient, terrifiés, le monstre qui se dirigeait vers eux. C'est alors que, dans un horrible crissement de métal, l'extrémité opposée de la passerelle se détacha du canyon.

Ils se retrouvèrent projetés dans le vide en un enchevêtrement de bras et de jambes. Le ptéranodon déploya ses ailes et s'envola alors que les humains plongeaient dans la rivière.

Alan heurta la surface de l'eau avec une telle violence que le choc lui coupa le souffle. Il se débattit pendant une bonne minute avant de regagner la surface. Il inspira de grandes goulées d'air, puis repéra Amanda et Paul qui flottaient non loin de là.

Le courant les emporta tous les trois.

Depuis le rivage, Eric voyait Billy tenter désespérément de se dépêtrer de son harnais. Deux ptéranodons atterrirent près du jeune homme et lui jetèrent un regard avide.

Coupe les lanières, pensa Eric. *Trouve un objet tranchant et coupe-les !*

Des cris provenant de la rivière attirèrent

son attention. À quelques mètres de la structure grillagée, il vit ses parents émerger des flots pour se diriger vers lui. Il laissa sa mère le prendre dans ses bras. Son père les interrompit.

— Regardez !

Une route pavée suivait le rivage et, un peu plus loin, un portail à double battant permettait aux véhicules d'entrer et de sortir du secteur protégé. Eric et sa mère poussèrent les grilles en espérant que le cadenas mangé par la rouille finirait par céder.

Alan nagea jusqu'au rivage, puis scruta le canyon à la recherche de Billy. Il ne tarda pas à repérer son élève.

Alors que ce dernier luttait toujours contre son harnais, un énorme ptéranodon fonça vers lui. Billy l'évita du mieux qu'il put – et le bec du monstre tailladа les lanières qui le retenaient.

Billy acheva de se libérer et se laissa tomber dans la rivière.

Eric et ses parents ouvraient la seconde porte lorsqu'ils entendirent crier Billy. Ils se retournèrent à temps pour le voir plonger sous l'eau, mais il reparut bientôt.

— Il s'en est sorti ! s'écria Alan, soulagé.

Alors que Billy prenait pied sur le rivage, les ptéranodons au grand complet plongèrent pour récupérer leur proie.

— Attention ! s'écria Alan.

Le jeune homme jeta un coup d'œil derrière lui. Puis il détala et fit signe à ses compagnons de l'imiter.

— Partez ! cria-t-il. Cachez-vous !

L'un des ptéranodons arriva à bonne distance et lui décocha un coup de bec aussi brutal que précis. Billy tituba et s'abattit au sol.

Alan partit dans sa direction, Paul sur ses talons.

Billy poussa un cri. Le vol de ptéranodons s'était massé autour de lui et les reptiles le frappaient à coups de bec et de griffes.

— Billy ! s'écria Alan.

Paul posa une main sur son épaule pour le retenir.

— C'est inutile, docteur Grant. Nous ne

pouvons plus rien pour lui. Ils vous attaqueraient à votre tour.

Alan ne pouvait détacher ses yeux du jeune homme dont le sang venait teinter la rivière. Soudain, trois ptéranodons se détachèrent du groupe en pleine curée et se dirigèrent vers les autres humains.

Alan et Paul ne voulaient pas abandonner Billy, mais optèrent pour la prudence. Ils tournèrent les talons et coururent vers le portail de la cage. Eric et Amanda s'étaient déjà réfugiés derrière ses deux battants. Mais les ptéranodons étaient trop près : Alan comprit qu'ils n'atteindraient jamais la porte à temps.

Au moment où les reptiles s'apprêtaient à fondre sur eux, Alan et Paul changèrent brusquement de direction pour se jeter dans les eaux glacées de la rivière.

Les deux hommes inspirèrent profondément, puis plongèrent sous la surface, évitant de justesse le bec du ptéranodon qui menait l'attaque. Tous deux passèrent sous le grillage de la cage. Alan crut que ses poumons allaient exploser. Lorsqu'il refit surface, il avala de grandes goulées d'air.

Derrière eux, les ptéranodons vinrent percuter le grillage dans un bruit de tonnerre. Alan frissonna en voyant les reptiles saccager les entrelacs métalliques et passer leurs becs entre les barreaux en hurlant de rage.

— Par ici ! cria Paul.

Alan le suivit vers le quai qui s'étendait devant eux. Amanda et Eric étaient déjà montés à bord de la barge rouillée et partiellement inondée. Alan et Paul grimpèrent à leur tour pendant que les deux autres éloignaient le bateau loin du quai. Le courant les emporta, et le bateau prit de la vitesse.

Une énorme cage recouverte d'une toile cirée occupait le centre de la barge. On devait s'en servir pour transporter des dinosaures vers la mer.

Eric, qui se tenait derrière Alan, découvrait l'invraisemblable volière d'où ils sortaient et ouvrit de grands yeux, impressionné. C'était une immense structure grillagée en forme de dôme qui recouvrait toute la largeur du canyon.

Alan secoua la tête et serra les poings en

fulminant. *Qui peut être assez fou pour mettre en cage des ptéranodons ?*

C'était de la démence pure et simple. Le témoignage d'un orgueil démesuré. Cet aveuglement, cette inconscience venaient de lui enlever son élève et ami.

— Adieu, Billy, murmura-t-il tristement.

— Adieu, Billy, répéta Eric. Et... merci.

En se retournant, il vit les yeux d'Alan s'écarquiller comme s'il venait de saisir quelque chose de très important.

Les cris des reptiles furieux se répercutèrent entre les parois du canyon.

Le ptéranodon géant qui avait vu s'échapper la proie avec laquelle il comptait nourrir ses petits se tenait sur le rivage et regardait la porte. Il marcha d'un pas lourd vers le double battant. Un obscur instinct lui soufflait que son univers subissait une modification mineure, mais vitale.

La bête secoua la porte et entendit un tintement métallique qui la surprit. Elle émit un croassement furieux et bondit en arrière. Ses ailes heurtèrent violemment la porte.

Les battants étaient légèrement entrouverts.

Sous les coups répétés du ptéranodon, la porte finit par s'ouvrir. Le prédateur la franchit pour entrer dans un univers inconnu.

Ses proies ne lui échapperaient pas, désormais.

Chapitre 12

— Mon propre fils était là, devant moi, et je n'ai rien fait ! s'exclamait Paul en faisant démarrer le moteur de la barge.

À côté de lui, Amanda écopait l'eau avec un seau rouillé.

— Tu n'aurais pas pu manœuvrer ce parachute, observa-t-elle.

— J'aurais au moins dû essayer. C'est *moi* qui aurais dû être là, sur cette plage, pas Billy.

— Crois-tu que ça aurait servi à quelque chose ? Ton fils a besoin de toi, Paul. Il a besoin de *nous*.

— Il aurait pu ne pas en revenir...

— Il s'en est sorti. Et toi aussi... Paul, je regrette ce qui est arrivé à Billy. Je t'assure.

Mais je suis heureuse qu'Eric et toi soyez bien vivants.

Depuis la proue, Eric avait suivi la discussion de ses parents.

— Regardez ! dit-il à Alan. On dirait presque qu'ils s'entendent à nouveau.

Alan répondit par un grognement peu amène et se détourna. Le garçon en conclut qu'il pensait toujours à son assistant. Et peut-être à autre chose...

— Je regrette ce qui est arrivé à Billy, dit-il. Il m'a sauvé la vie.

— Tu ne vaux pas mieux que ceux qui ont construit cet endroit, répondit Alan à voix basse.

— Pardon ?

— C'est la dernière chose que je lui ai dite, expliqua le scientifique. « Tu ne vaux pas mieux que ceux qui ont construit cet endroit. »

— Vous avez des enfants ? demanda Eric.

— Non. Bien que je les aie étudiés sur le terrain.

Eric ne savait trop comment prendre cette remarque.

— D'après moi, reprit Alan, il y a deux sortes d'enfants. Ceux qui veulent devenir astronautes et ceux qui veulent devenir astronomes.

— Je veux devenir astronaute, indiqua Eric.

Alan agita lourdement la main.

— Et moi, j'étais tout le contraire. Je n'ai jamais compris comment on pouvait rêver d'aller dans l'espace. C'est trop dangereux. Dans l'espace, il suffit d'une seule erreur, et tu es mort. L'astronome – ou le paléontologue – peut étudier toutes les merveilles de l'univers sans prendre le moindre risque.

— Je vois, répondit Eric.

S'il avait réussi à survivre huit semaines sur cette île déserte, c'était entre autres en apprenant à déchiffrer ce qui pouvait se passer dans la tête d'un dinosaure rien qu'en regardant la façon dont il se comportait.

Maintenant, il tentait de faire de même avec Alan. Tout en parlant, il étudiait ses mains, ses yeux, sa posture et comprit qu'Alan Grant ne cherchait pas à le convaincre d'une façon ou d'une autre. C'était à *lui-même* qu'il s'adressait.

Les yeux du scientifique brillèrent d'un nouvel éclat.

— Alors tu me comprends ? Tu peux tout découvrir depuis le sol.

Le regard perçant d'Eric soutint celui de l'adulte.

— Oui, mais vous n'avez pas l'occasion d'aller dans l'espace.

— Exactement, acquiesça Alan. C'est là toute la différence entre ce qu'on imagine et ce qu'on voit de ses yeux. La possibilité de *toucher* l'objet de ses recherches. C'est ce que Billy voulait faire.

À ce moment, la barge aborda un coude de la rivière.Un spectacle extraordinaire se dévoila à leurs yeux.

— Docteur Grant... murmura Eric.

Les feux écarlates du soleil couchant illuminaient une vallée peuplée de dinosaures. Eric reconnut des ankylosaures caparaçonnés aux queues massives hérissées de piquants, et des corythosaures au museau aplati. La barge dérivait paresseusement sous les cous interminables de gigantesques brachiosaures.

Les nappes de brume sur les flots, le jeu

de la lumière déclinante sur la végétation luxuriante, tout contribuait à donner l'illusion d'un jardin d'Éden issu d'un lointain passé.

Eric se tourna vers Alan. Le paléontologue resta longtemps silencieux, comme en transe, émerveillé par tant de beauté.

— Tout compte fait, dit-il d'une voix douce, je peux certes blâmer ceux qui ont conçu cette île. Mais je ne peux que comprendre ceux qui veulent contempler un tel spectacle, étudier ces créatures.

Il regarda enfin Eric.

— Après tout, y a-t-il sur terre un garçon qui pourrait résister à un tel spectacle ?

Eric acquiesça. Il était tout à fait d'accord.

Cette nuit-là, alors que la barge continuait son long trajet vers la mer, la pleine lune apparut entre les nuages. Des éclairs brillèrent loin sur l'horizon, suivis par le grondement sourd du tonnerre.

Alan tenait la barre et s'apprêtait à passer le relais à Paul. Celui-ci pilota l'engin avec le plus grand naturel, évitant sans mal les eaux les plus basses. Amanda et Eric étaient assis non loin de là.

La barge suivit un virage, et tous virent alors un quai de chargement abandonné, avec une grue et plusieurs péniches à demi immergées. Soudain, un trille familier perça le silence. Si étouffé soit-il, ce bruit était facile à identifier – le thème musical du magasin de peintures et dallages Kirby, à Westgate.

Alan se crispa. Les Kirby échangèrent un regard paniqué, puis scrutèrent le rivage.

— C'est mon téléphone, chuchota Paul.

— Le spinosaure, renchérit Eric.

Alan s'approcha du bord de la barge.

— Chut ! Plus un bruit !

Paul coupa le moteur. Alors que l'embarcation terminait son virage, la sonnerie sembla se rapprocher.

Alan écarquilla les yeux. Sept grosses bouses de dinosaure jonchaient une petite clairière plate située à peu de distance de la rive. Il se tourna vers les Kirby. Tous eurent la même idée au même moment.

— Il faut le trouver avant que la sonnerie ne s'arrête ! résuma Alan.

Avec Amanda et Paul, ils sautèrent dans la rivière et s'empressèrent de gagner la rive. Eric allait plonger à son tour lorsque la jeune femme leva la main.

— Reste où tu es ! lança-t-elle d'une voix pleine d'autorité. Je suis encore ta mère !

— Garde le navire, fiston, ajouta Paul.

Le garçon acquiesça.

Alan, Amanda et Paul coururent vers la clairière et les bouses géantes. Alan retint son souffle tout en plongeant ses bras dans le tas le plus proche. Malgré tout, la puanteur lui souleva l'estomac.

— J'ai trouvé quelque chose ! dit Paul en fouillant un autre tas pestilentiel. Je crois que je le tiens !

Sous les yeux d'Alan, il extirpa un objet d'un autre agrégat.

— Venez voir ! cria Amanda, recouverte de bouse de la tête aux pieds, comme Alan et Paul.

Elle avait retrouvé le minuscule téléphone, qui sonnait toujours. Alan le lui prit des mains et le porta à son oreille.

— Vous aussi pouvez être propriétaire à Guadalajara... fit une voix enregistrée.

Alan coupa le téléphone. Il allait se retourner lorsqu'il vit Eric qui lui faisait de grands gestes depuis la barge.

— Derrière vous ! hurla le garçon.

Alan se retourna lentement. Un carnotaure se dressait juste derrière le trio. Une créature de six mètres de haut, qui arborait des écailles rouges et noires, la tête couronnée de cornes. Il était plus petit qu'un tyrannosaure, mais bien assez grand pour les dévorer. Ses yeux étaient d'un noir de jais, ses bras de petite taille et son corps trapu semblait ramassé sur lui-même. Sa gueule ouverte exhibait des crocs pointus. Il se mit à saliver en les voyant.

Grrrrhhhh-rggghhhhhllll !

Il renifla, une fois, deux fois. Recommença.

Beeeeee-rrrrkkkk !

À leur grande surprise, il se détourna et s'en alla d'un air dégoûté. Apparemment, même un carnotaure avait un minimum de standing et refusait de dévorer des proies couvertes de bouse.

— Allez savoir pourquoi, je me sens un peu vexé, conclut Paul.

Quelques instants plus tard, Alan et les autres regagnaient la barge. Paul désigna l'un des quais et prit cette direction. Amanda entreprit de se nettoyer frénétiquement.

— C'est une bonne idée, non ? lui demanda Eric. Peut-être devrais-je nager jusque là-bas et me rouler dans ce truc. Comme ça, les dinosaures ne voudront pas...

— Je refuse de porter cette odeur, affirma Amanda. Et c'est aussi valable pour mon mari et mon fils.

Eric vit ses parents échanger un drôle de regard. Apparemment, cette épreuve les avait rapprochés.

Après tout, se dit Eric, il y avait peut-être encore un espoir de voir se reconstituer leur famille. Si toutefois ils réussissaient à quitter cette île !

Alan regarda le téléphone posé dans sa main. L'indicateur de batterie clignotait. Il serait bientôt à court d'énergie.

— Quoi que vous fassiez, lui dit Paul, n'appelez pas l'ambassade des États-Unis. Ils ne lèveront pas le petit doigt.

— Peut-être, maugréa Alan, mais je n'ai

pas d'annuaire du Costa Rica sous la main. Nous devrons donc nous contenter de quelqu'un que nous connaissons aux USA. Quelqu'un en qui nous pouvons avoir confiance, qui nous enverra de l'aide.

— Mon frère Stan, affirma Paul.

— Je ne lui ferai jamais confiance, rétorqua Amanda. Il est à peine capable de traverser la rue !

Paul la considéra d'un air surpris, puis soupira. Apparemment, elle avait marqué un point.

— Qu'est-ce que c'est que ça ? intervint Eric en désignant les flots glauques.

Au ras de la surface, une forme argentée passa sous le bateau. Un poisson solitaire sauta en l'air. Puis un autre.

— Des bonitas, dit Alan.

— Quelque chose a dû les effrayer, remarqua Eric d'une voix tendue.

Son regard croisa celui d'Alan. Eric avait appris sur le terrain que la nature prodiguait ses propres signaux d'alarme. Comme celui qu'ils voyaient maintenant.

Le tonnerre gronda de nouveau. Plus près, cette fois-ci.

— Démarrez le moteur, lança Alan à Paul.

Celui-ci hocha la tête et tenta de faire partir l'embarcation. Le moteur hoqueta, mais refusa de se déclencher.

Le téléphone émit un bip indiquant que la batterie était de plus en plus faible. Alan ferma les yeux, prit sa décision, puis composa rapidement un numéro qui lui était familier.

— Qui appelez-vous ? demanda Amanda.

Alan ne répondit pas. Il y eut trois sonneries. Quatre. Puis quelqu'un décrocha.

— Qui c'est ? fit un petit garçon.

Alan connaissait cette voix.

— Charlie, va chercher ta mère. Vite !

Un long silence s'ensuivit.

— Charlie, tu es là ? demanda Alan.

Il regarda autour de lui d'un air anxieux.

— C'est qui ? répéta Charlie.

Le téléphone émit un nouveau bip. Derrière le chercheur, Paul se bagarrait toujours avec le moteur.

— Charlie ! cria Alan dans l'écouteur. C'est l'homme aux dinosaures ! Va chercher maman, d'acc ?

— D'acc, fit Charlie.

Il y eut le bruit d'un téléphone qu'on laissait tomber sur une table.

Amanda et Eric ne quittaient pas le paléontologue des yeux. Leur vie dépendait de ce coup de fil.

Soudain, quelque chose attira l'attention d'Eric. Il jeta un coup d'œil vers la proue puis il se raidit et appela :

— Docteur Grant !

Le téléphone serré contre son oreille, Alan se retourna à temps pour voir l'énorme crête fendre les flots à une vingtaine de mètres de là.

— Charlie ? Charlie ? cria-t-il avec l'énergie du désespoir. Tu es allé chercher maman ? *Charlie !*

Un choc terrible ébranla le bateau, déséquilibrant tous ceux qui se trouvaient à bord. Alan s'effondra contre la barre qui soutenait la cabine de pilotage. Il lâcha le téléphone, qui roula par terre. Le choc activa le bouton de fin d'appel, coupant la communication.

À la lumière cauchemardesque des éclairs, ils virent la silhouette massive du spinosaure émerger des flots noirs pour s'élever au-dessus de la barge.

RRRRRHHH-AAAHHHHRRR !

Le long museau aux puissantes mâchoires plongea vers Alan, qui bondit sur le côté. Les crocs monstrueux le ratèrent d'un cheveu, mais se refermèrent sur la barge. Puis le spinosaure arracha le poste de pilotage tout entier. Il s'attaqua à la proue, ravageant le réservoir d'essence, et le liquide se répandit, formant une nappe sombre sur les flots. Le monstre continua son œuvre de destruction qui semblait l'amuser beaucoup.

Alan se précipita vers l'avant du bateau. Il fit entrer les Kirby dans la cage à dinosaure, les y suivit et referma la porte.

Avec un peu de chance, les barreaux seraient assez résistants pour les protéger, telle une cage à requins dans une mer hostile.

Mais la barge amputée d'une partie de sa poupe devenait dangereusement instable. Lorsque le dinosaure souleva la partie arrière du bateau, la cage glissa le long du pont pour heurter violemment la proue.

Alan comprit qu'il ne pouvait plus ouvrir

la porte : elle était coincée contre la superstructure du bateau. Ils étaient pris au piège. Des appareils et des débris de toutes sortes glissèrent vers la proue alors que le dinosaure soulevait la barge encore plus haut.

Au milieu des débris en partance vers le fond de l'eau, Alan repéra le téléphone. Et celui-ci se mit à sonner !

Le scientifique s'empressa de glisser ses doigts à travers les barreaux et tenta d'attraper l'appareil au passage. Il tira si fort qu'il eut l'impression que son épaule allait se déchirer !

Le spinosaure laissa retomber la barge, et le téléphone repartit en direction de la poupe !

La gueule menaçante du dinosaure se tourna vers eux. Maintenant, il ne leur restait plus qu'à prier pour que les barreaux soient assez solides. Les puissantes mâchoires se refermèrent sur la cage et la soulevèrent. Alan et les autres se virent secoués comme des poupées de chiffon, puis le monstre lâcha prise et la cage retomba sur le pont.

Sous la violence du choc, le téléphone

bondit en l'air. Alan plongea et l'attrapa au vol avec un cri de triomphe.

GRAGHHHHHH-RAGHHHHH !

Le spinosaure furieux attaqua de nouveau. Cette fois, il renversa la barge, précipitant la cage dans la rivière. Alors que celle-ci s'enfonçait dans l'eau glacée, Alan appuya sur le bouton « répondre ».

— ELLIE ! cria-t-il.

Pourvu que ce soit elle ! Pourvu qu'elle dispose d'un bouton de rappel automatique, ou n'importe quel gadget de haute technologie qui lui permette de deviner que lui, le Dr Alan Grant, était en train de revivre son pire cauchemar.

— Alan ? fit la voix d'Ellie. Alan, c'est...

Le rugissement assourdissant du spinosaure couvrit la fin de sa phrase.

L'eau s'élevait désormais jusqu'à son cou. Il appuya le visage contre les barreaux et prit soin de maintenir le téléphone au sec. À ses côtés, les Kirby luttaient de toute leur énergie.

— ELLIE ! hurla Alan. LE SITE B, ELLIE ! LA RIVIÈRE...

Les flots se refermèrent sur lui comme un

poing de glace. Alan fourra le téléphone dans sa ceinture et retint son souffle. Avec Paul, ils s'escrimèrent à ouvrir la porte. L'air leur manquait déjà. La cage subit un autre choc, puis monta soudain, comme soulevée par une grue prise de folie.

Le spinosaure sortit la cage de l'eau et la secoua dans ses puissantes mâchoires, cherchant un moyen de saisir ses proies. Alors qu'il la penchait sur le côté, la porte s'ouvrit et Paul tomba dans la rivière. Il refit immédiatement surface, désorienté, à bout de souffle.

Alan, Amanda et Eric n'eurent pas cette chance. Toujours coincée dans la cage, la jeune femme hurla lorsque le dinosaure retourna sa prison et passa un long bras par la porte pour tenter de s'emparer d'elle. Eric poussa un cri : une griffe acérée comme un rasoir venait de déchirer son T-shirt.

Alan cherchait désespérément une solution, mais son esprit était comme paralysé par la terreur.

Encore quelques secondes et ils allaient se faire croquer vivants.

Près du quai, Paul assistait à la scène, horrifié. D'une seconde à l'autre, le dinosaure s'emparerait de ses proies.

Plus personne ne peut sauver ma famille. Personne, sauf moi, se dit-il.

Il escalada le bras de la grue. Une fois à mi-chemin, il se mit à crier :

— Hé ! Hé ! Je suis là ! Hééééé !

Le dinosaure se retourna sans lâcher la cage et grogna en voyant Paul, aussi vulnérable qu'un ver accroché à un hameçon.

RAHHHHHHHGHHHHHHHH !

Le dinosaure jeta la cage sur le côté et partit vers sa nouvelle proie.

— C'est bien, mon gros ! hurla Paul. Viens voir papa !

Malgré ses mains tremblantes, il continua d'escalader la grue.

Eric était paralysé d'épouvante. Il avait survécu huit semaines dans cet enfer. Il avait réussi à ne pas se faire manger, empoisonner ou mettre en pièces. Mais quelle importance ? À présent, il affrontait quelque chose de plus terrifiant que la perspective de finir noyé ou dévoré.

Il allait voir son père se faire déchiqueter par un prédateur furieux.

— Papa ! hurla-t-il.

Il sentit une main qui se refermait sur le col de son T-shirt. Alan dut quasiment tirer vers le rivage le garçon et sa mère tout aussi affolée.

Cependant, Paul continuait d'escalader la grue, de plus en plus haut, évitant de justesse l'assaut du monstre.

— Vas-y, papa ! cria Eric. Continue comme ça !

Enragé, le spinosaure saisit entre ses mâchoires le bras métallique de la grue et le secoua dans tous les sens. La structure instable oscilla sur sa base en émettant un grincement assourdissant. Suspendu à quinze mètres au-dessus de l'eau, Paul dut se cramponner pour ne pas tomber.

— Fuyez ! cria-t-il à sa famille. Amanda ! Emmène Eric !

Eric regarda sa mère, qui restait indécise, incapable de faire ce choix impossible : son mari – ou son fils ?

Il décida pour elle :

— Nous restons. Il faut qu'on aide papa !

Alan remarqua un objet brillant au milieu des débris du bateau. C'était un pistolet à fusées éclairantes, avec des recharges attachées au manche.

Il le ramassa et fourra une fusée dans le canon, tenta de viser la tête du dinosaure, mais cette maudite bestiole se déplaçait si vite qu'il n'aurait pas une chance de l'atteindre.

Puis il sentit l'odeur âcre de l'essence qui s'était répandue en une marée noire et une meilleure idée lui traversa l'esprit. Il visa la nappe huileuse et tira.

WHOOOOOSH !

Soudain, la rivière s'embrasa ! Le spinosaure rugit en se voyant environné de flammes. Il se cabra, percutant le bras de la grue avec une violence incroyable, puis prit la fuite. Il ne tarda pas à disparaître dans la jungle de l'autre côté de la rivière.

Mais tout n'était pas terminé. La grue abîmée s'effondrait lentement vers la mer de flammes, et Paul y était toujours accroché !

— Paul ! cria Amanda.

— Papa ! renchérit Eric. PAPA !

Alan, Amanda et Eric l'appelèrent, mais

n'entendirent pour toute réponse que le crépitement des flammes.

— Non, gémit Amanda. Oh, je vous en prie ! non...

— PAPAAAAA ! hurlait Eric.

Leurs cris d'angoisse éveillaient mille échos dans la quiétude de la nuit. Alan se détourna :

— Nous ferions mieux d'y aller. Cette chose peut toujours revenir sur ses pas.

— Non, lâcha Eric avec fermeté. Pas question d'abandonner papa.

Sa mère s'agenouilla en face de lui :

— Je vais te parler un peu de ton père, d'accord ? Il est très, très malin, très, très brave et il t'aime.

Eric cligna des yeux. Si loin qu'il puisse se souvenir, sa mère n'avait jamais eu un mot gentil pour parler de son père.

— Il t'aime aussi, tu sais ? remarqua Eric.

Il était grand temps qu'elle s'en rende compte.

— Bon, convint-elle, il *nous* aime beaucoup. Et je sais qu'en ce moment, il se soucierait surtout de savoir que nous sommes sains et saufs. D'accord ?

Eric acquiesça tristement. Que deviendrait-il sans son père ? Soudain, il se sentit encore plus seul qu'il ne l'avait été lorsqu'il était perdu sur cette île.

Les yeux d'Amanda brillaient de larmes.

— Nous allons nous en sortir, dit-elle. Tout ira bien, je t'en fais la promesse.

Soudain, ils entendirent un bruit derrière eux. Des pas sur le sable. Eric se crispa.

Était-ce un nouveau prédateur ?

— Tu devrais écouter ta mère, fit une voix.

Eric se retourna. Paul Kirby sortait de la nuit.

Le jeune garçon se jeta dans ses bras.

— Je ne regrette pas ces heures de natation à la piscine municipale, dit Paul.

Amanda fondit en larmes et étreignit son mari et son fils avec ferveur.

Chapitre 13

Lorsque l'aube se leva, le petit groupe emprunta un chemin longeant la rivière. Ils étaient épuisés, mais faisaient de leur mieux pour garder le moral.

— Tu te souviens de l'été dernier, lorsqu'on est allés pêcher ? dit Paul à son fils. J'essayais de mettre le bateau à l'eau quand la remorque a coulé à pic. Puis le camion de remorquage est venu à la rescousse, mais s'est fait entraîner à son tour. Le chauffeur a bien failli me casser la figure ! Je lui ai dit que j'étais le gouverneur de l'État, et il m'a cru !

— Oui, se rappela Eric en riant.

— On s'est bien amusés ce jour-là.

Amanda regarda son fils mort de rire et son mari qui souriait.

— Il faudra qu'on retourne pêcher, ou du moins essayer, dit-elle.

— C'est vrai ? demanda Paul.

— C'est vrai, affirma-t-elle en le regardant droit dans les yeux. Cela mérite une seconde tentative. Qui sait ? Cela se passera peut-être mieux.

Eric la vit prendre la main de son père. *Là, c'est le moment où je dois m'effacer*, pensa-t-il. Alan dut arriver à la même conclusion, car il prit un peu d'avance. *Après tout, même des parents ont bien droit à un minimum d'intimité.*

Eric courut rattraper Alan.

— Comment êtes-vous sûr que cette dame que vous avez appelée saura ce qu'il faut faire ? lui demanda-t-il.

— C'est le genre de personne sur laquelle on peut toujours compter, répondit Alan. Elle m'a sauvé la mise plus d'une fois. Je lui dois tout.

Ils continuèrent leur chemin en silence. Alan réfléchit à ce qu'il venait de déclarer.

— Et maintenant, je me rends compte que je ne lui ai jamais dit ça.

— Vous devriez, conseilla Eric.

— Tu as raison.

Ils entendirent alors un nouveau bruit, un murmure sourd. Suivi du clapotement familier des vagues qui s'écrasent sur un rivage.

— Tu as entendu ? observa Alan.

Eric hocha la tête.

— C'est le bruit de la mer ! dit-il d'une voix surexcitée.

Alan appela les parents d'Eric, et tous quatre se mirent à courir. Ils ne tardèrent pas à émerger de la jungle pour arriver dans une clairière de sable où poussaient de petits arbres. Des formations rocheuses saillaient çà et là. Le cri perçant des mouettes s'élevait au-dessus du bruit rassurant du ressac.

Soudain, une ombre s'abattit sur le groupe. Suivie d'une autre. De plusieurs autres. Alan se crispa. Ces ombres faisaient bien huit mètres d'envergure !

Cahhhhhrrrr !

Un vol de ptéranodons descendit du ciel pour se poser devant Alan et les Kirby. Plusieurs arboraient des ailes brunes. Un autre les avait grises, et sa tête était striée d'orange et de noir. C'était celui qui avait capturé Eric pour l'emmener dans son nid.

Le reptile de cauchemar se précipita sur Eric, mais Amanda s'interposa. Avant qu'il n'ait pu frapper, Paul bondit sur le dos du monstre et s'empara de son front pointu.

Le ptéranodon battit des ailes et tournoya sur lui-même, envoyant bouler Paul sur le sable. Les autres battirent joyeusement des ailes et s'avancèrent pour profiter du festin.

Alan regarda autour de lui, cherchant une branche, un rocher, n'importe quoi qui puisse lui servir d'arme.

Soudain, un bruit familier vrilla l'air. Puis, dans un concert de piaillements, apparurent des ombres qui se déplaçaient à grande vitesse.

Des raptors !

Les ptéranodons hurlèrent de rage, comme s'ils retrouvaient ces vieux ennemis qu'ils n'avaient pas affrontés depuis soixante-dix millions d'années, sans pour autant les oublier.

Eric vit deux raptors s'avancer et prendre la tête de la meute. Plus grands que les autres, ce devait être les chefs. Le mâle dominant avait une strie d'un gris sombre qui passait derrière chaque œil et soulignait toute la longueur de son corps, jusqu'au bout de la queue. La femelle dominante avait des marques en losange sur les flancs et des écailles écarlates autour des orbites.

Le mâle bondit et abattit un ptéranodon qui tentait de s'échapper. D'autres raptors se jetèrent sur sa victime. L'un d'entre eux planta ses crocs dans le cou du reptile volant.

Un trio de ptéranodons descendit en vol plané et s'empara du mâle, qu'ils soulevèrent de terre ! Les combattants reprirent de l'altitude et disparurent derrière la cime des arbres.

Autour d'Alan et des Kirby, ce fut le signe de la mêlée générale. L'air résonnait de claquements de becs et du sifflement des griffes acérées comme des rasoirs. Le ptéranodon géant réussit à s'extirper du chaos et s'envola. Il se mit à décrire des cercles au-dessus du champ de bataille en poussant des cris gutturaux.

— Par là ! s'écria Alan. Vite !

Le petit groupe s'éloigna de la mêlée pour se diriger vers un monticule dépourvu de toute végétation. Derrière le tertre, Eric aperçut des flots bleus. Ils arrivaient à la pointe d'Isla Sorna. Ils n'avaient plus qu'à franchir quelques mètres de sable et...

Yip ! Yip ! HISSSSS-YIIIIII !

Une douzaine de raptors chargèrent pour encercler le groupe. Eric constata que certains avaient été blessés au cours de la bataille et perdaient leur sang. Tous étaient hors d'haleine et ouvraient des yeux exorbités.

Ils ne pouvaient plus leur échapper. Alan et les Kirby se massaient autour d'Eric pour tenter de le protéger, mais cela ne servirait à rien. En quelques secondes, les sauriens les auraient mis en pièces.

Et pourtant, ils n'attaquaient pas.

Eric fixa le raptor le plus proche. *Ils attendent quelque chose de nous*, réalisa-t-il.

— Les œufs, dit Alan. Ils veulent récupérer les œufs.

Lentement, soigneusement, Alan fit glisser le sac de ses épaules. Il l'ouvrit et en tira la mallette de l'appareil photo. Ce faisant, il découvrit autre chose dans le sac – le moulage de la caisse de résonance d'un raptor. Il l'avait complètement oublié !

Les prédateurs rompirent leurs rangs et la femelle dominante s'approcha très lentement. De plus en plus près. Elle décrivit un cercle autour des humains tout en agitant la tête.

— À terre ! s'écria Alan. Elle nous lance un défi !

Eric et les autres tombèrent à genoux.

La femelle vint s'arrêter devant la mère d'Eric. Elle se pencha jusqu'à ce que sa gueule ne soit plus qu'à quelques centimètres du visage d'Amanda qui tremblait comme une feuille.

— Elle croit que c'est moi la coupable, dit celle-ci. Elle pense que j'ai volé les œufs !

Paul tenta de s'interposer, mais la femelle émit un aboiement et gronda d'un air menaçant.

— Donne-moi les œufs.

— Non, Amanda ! répondit Paul.

Soudain, un cri étrange vrilla l'air. *Hrrrrrrreeeee !*

Tous se retournèrent. Alan avait posé le

moulage de la caisse de résonance sur sa bouche. Il tentait de communiquer avec les raptors.

Il inspira du mieux qu'il put et souffla de nouveau dedans, produisant le même ululement qu'émettaient les raptors entre eux.

Hrrrrrr-rreeeee ! Hrrrrrr-rreeeee !

La femelle dominante contempla un instant le chercheur. Comment cette créature pouvait-elle pousser le cri de leur tribu ?

Un raptor mâle s'avança. La femelle eut un aboiement sec. Le mâle se soumit et préféra reculer plutôt que de défier son autorité.

Alan souffla une fois de plus dans le moulage. Les raptors parurent interloqués.

C'est un appel à l'aide, se dit Eric. Un cri que seul un autre raptor peut émettre. Durant les huit semaines qu'il avait passées sur l'île, il avait eu bien des occasions de l'entendre.

Les animaux s'agitèrent. Certains se raidirent, comme s'ils allaient bondir pour la curée. D'autres se regardèrent en tremblant, cherchant une solution.

La femelle dominante leva les yeux, puis

se tourna vers la côte. Les dinosaures s'étaient tus, comme s'ils pouvaient percevoir un bruit que les humains étaient incapables d'entendre.

Puis le bruit en question leur parvint. Un rythme sourd et lointain. Le bruit qui annonçait l'arrivée des gardes, des maîtres, des humains qui avaient élevé et emprisonné ces créatures.

Amanda se baissa et tendit le bras vers la mallette, qui gisait toujours aux pieds d'Alan. Elle l'ouvrit et déposa les œufs sur le sable. La femelle dominante aboya par deux fois et ramassa l'un des œufs. Le mâle qui s'était avancé vint en prendre un autre.

Le cercle des raptors se dispersa. Les prédateurs inquiets plongèrent dans la jungle un par un, et disparurent.

Alors que les parents d'Eric serraient leur fils, Alan se redressa. Il laissa échapper un soupir de soulagement.

Soudain, un bruit de tonnerre s'éleva. Celui d'une voix amplifiée par un haut-parleur.

— Docteur Grant !

— Ça vient de l'océan ! cria le scientifique.

Il courut vers les flots, Eric et ses parents sur ses talons.

Eric n'arrivait pas à y croire. Un inconnu en costume d'homme d'affaires était là, sur le sable.

— Docteur Grant ? demanda-t-il à travers le haut-parleur qu'il tenait en main.

Les quatre survivants s'approchèrent en agitant les bras.

— Quelle idée d'apporter ce haut-parleur ! dirent en chœur Paul et Amanda.

Puis ils virent ce qui les attendait et se figèrent sur place. Eric ouvrit de grands yeux.

Toute une armée se tenait là, à peu de distance du rivage. Eric compta six croiseurs de l'US Navy. Un énorme hélicoptère de combat était posé sur la plage. Ses hélices tournaient encore.

— Hou là ! s'écria Eric, soufflé.

Il regarda son père et sa mère étroitement enlacés, éclata de rire, et suivit Alan, qui se dirigeait vers leurs sauveteurs.

— Docteur Grant... À propos de cette amie

que vous avez appelée ? Je crois que vous pouvez lui dire un grand merci. Elle nous a envoyé l'armée *et* la marine ! s'exclama Eric.

— Merci, Ellie, murmura Alan.

Une fois à l'intérieur de l'hélicoptère, le Dr Alan Grant eut le choc de sa vie. Une silhouette couverte de pansements gisait sur une civière. Le visage tourné vers la lumière du dehors.

— Billy ! s'écria-t-il.

Billy leva une main bien faible. Alan s'empressa d'aller la serrer.

— Je suis heureux de te revoir, dit-il d'une voix vibrante d'émotion. Tu es quelqu'un de bien. Je suis désolé pour tout ce qui t'est arrivé.

Le jeune homme eut un sourire.

— Vous voulez rire ? J'aurai des histoires à raconter jusqu'à la fin de mes jours ! Ça en valait largement la peine...

Alan secoua la tête en souriant tandis qu'un infirmier lui ramenait la tête en arrière. Le jeune homme battit des paupières, puis s'endormit.

— Il a perdu beaucoup de sang, dit l'infirmier, mais il s'en sortira.

Alan s'assit aux côtés des Kirby, passa sa ceinture de sécurité et se laissa aller alors que l'hélicoptère quittait le sol. Pour la première fois depuis des jours, il pouvait se détendre.

Blotti entre ses parents, Eric jeta un coup d'œil à Billy, puis à Alan, qui lui sourit.

Le jeune garçon se retourna vers le hublot et regarda l'île s'éloigner tandis que son esprit s'emplissait de questions auxquelles il ne pouvait répondre. Lorsqu'il était arrivé sur cette île, il n'était qu'un enfant en mal d'aventures. Ce qu'il y avait vécu l'avait transformé. Pouvait-il regagner le monde normal ? Ou est-ce que ce territoire de cauchemar hanterait ses rêves jusqu'à la fin de ses jours ?

Soudain, le pilote poussa un cri :

— Ennemis à neuf heures !

Les deux pilotes qui occupaient le cockpit se mirent aussitôt en action alors qu'un ptéranodon apparaissait devant le hublot de gauche. Eric eut un hoquet de frayeur en voyant le reptile qui les suivait.

— Un autre à trois heures ! cria un marine.

Il leva son fusil et visa soigneusement.

— Non ! cria Alan.

Il détourna le canon de l'arme.

— Ils volent en formation ! expliqua-t-il. Ils croient que nous sommes l'un d'entre eux !

Eric vit un troisième ptéranodon qui rejoignait les autres ailes brunes pour former la pointe d'un V. Ces créatures qu'il avait trouvées si terrifiantes peu de temps auparavant lui apparaissaient dans toute leur beauté. Leurs ailes jouait une symphonie d'une délicatesse à couper le souffle, telle qu'Eric n'aurait jamais pu en imaginer.

Le chef des ptéranodons finit par virer sur la droite et s'éloigner de l'hélicoptère. Les autres le suivirent. Cependant...

Ils ne repartaient pas en direction de l'île.

Eric les regarda s'éloigner. Sans détourner les yeux, il s'adressa à Alan :

— À l'ère mésozoïque, les ptéranodons pouvaient survoler les océans et passer d'un continent à l'autre. Où croyez-vous que ceux-ci vont aller ?

— Ils vont chercher un endroit où faire leur nid, répondit le scientifique. Ils ont tout un monde à découvrir.

— Tant qu'ils ne nichent pas à Enid, Oklahoma, ça me va, répondit Amanda.

Paul la regarda et lui prit la main.

— Rentrons chez nous.

Eric sourit. Il avait failli perdre tout espoir – même avant l'accident qui l'avait laissé sur cette île – d'avoir un jour un endroit qu'il puisse appeler « chez lui ».

Maintenant, il savait que tout irait bien.

Alan leva les yeux. Le copilote lui tendait des écouteurs.

— C'est pour vous.

Il mit le casque et ajusta le micro. Il dut hurler pour se faire entendre par-dessus le fracas du moteur.

— Ici Grant.

— Alan ? fit la voix d'Ellie. Alan ! Tout va bien ?

— Ellie ! Oui, ça va.

Il souriait comme un adolescent.

— Je ne comprends pas, reprit-elle. Tu m'as dit qu'un paléontologue n'avait rien à faire sur cette île.

— Je sais.

— Alors, qu'y faisais-tu ?

Alan se raidit sur son siège et se laissa inonder par les rayons du soleil.

— J'évoluais.

Il savait qu'il se méfierait toujours du danger, de la violence et de la mort associés au nom de Jurassic Park, mais il ne pourrait plus jamais nier sa beauté, ni les merveilles et les possibilités que recelait l'endroit.

Il regarda par le hublot et contempla le vol de ptéranodons dans toute sa beauté sauvage, primordiale. Ils s'en allaient vers l'est et le soleil levant.

C'était le symbole d'une aube nouvelle, d'un renouveau, et Alan continua de les fixer. Il ne détourna pas le regard même après que les silhouettes graciles se furent effacées dans la lumière éblouissante du soleil.

Dans la même collection :
des livres qui font leur CINÉMA !

Titan
Catherine Daly

Début du troisième millénaire. La planète Terre a été détruite par les Drej, un peuple d'aliens redoutables. Comme tous les humains, Cale lutte pour sa survie dans une galaxie dominée par les extraterrestres. Tout ce qu'il possède, c'est un anneau que lui a confié avant de disparaître son père, créateur du Titan. Ce vaisseau spatial est aujourd'hui le dernier espoir de l'espèce humaine. Cale parviendra-t-il à le retrouver grâce à l'anneau ?

Les Razmoket
Cathy East Dubowski et Mark Dubowski

Mais où se trouve donc la petite sœur de Casse-bonbons dont tout le monde parle ? Pas dans les paquets-cadeaux, et pas non plus dans le magasin de bébés... Mystère et boule de gomme ! Et voilà que la petite sœur s'avère être un petit frère, Jules, qui pleure tout le temps. Les copains de Casse-bonbons en ont ras le bol. Pas question d'arrêter de se marrer... bien au contraire !

Les Razmoket à Paris
Cathy East Dubowski et Mark Dubowski

Tous à Paris ! Jean-Roger Cornichon doit y aller pour réparer le dinosaure mécanique de Reptarland. Et bien sûr, il emmène toute sa petite famille ! Ce serait le bonheur... si Coco La Bouche, la méchante directrice de Reptarland n'avait pas décidé d'épouser le papa de Charles-Édouard ! Pour obtenir la promotion dont elle rêve tant, elle doit montrer qu'elle aime les enfants. Et pour ça devenir maman... Attention les bébés, Charles-Édouard est en danger !

Men in Black
J.J. Gardner

Kay et Jay sont les flics d'élite d'une organisation gouvernementale ultra-secrète, les Men in Black *(les Hommes en Noir), chargés de surveiller les activités des extraterrestres vivant incognito sur notre planète. Binetôt, ils découvrent le complot dément d'un terroriste insectoïde. S'ils veulent éviter un conflit intergalactique et empêcher la destruction de la Terre, il leur faut le retrouver d'urgence.*

Le Grinch

Louise Gikow

Stop ! y en marre de tous ces Chous qui ne pensent qu'à Noël et à leur grande Choubilation ! Marre de tous ces sapins et des ces guirlandes, de ces cadeaux et de ces bons sentiments... Trop, c'est trop ! Cette année, c'est décidé : le beau Noël va être gâché ! et par qui ? me direz-vous. Mais, par MOI, le Grinch, le plus méchant de tous les Chous ! JE VAIS VOLER NOËL...

Le monde perdu : Jurassic Park II

Gail Herman

Quatre ans après la destruction de Jurassic Park, le parc d'attractions peuplé de dinausores vivants, le professeur Ian Malcolm fait une découverte ahurissante : les animaux ont été introduits sur une autre île et vivent à l'état sauvage. Des dizaines d'espèces, libres de grandir et de se reproduire...

L'envolée sauvage

Patricia Hermes

À la mort de sa mère, Amy, treize ans, vient vivre au Canada chez son père, un ingénieur bricoleur un peu fou. Elle se sent très seule, jusqu'au jour où elle prend sous sa protection seize petites oies sauvages. Mais l'hiver approche : les oies doivent migrer vers les pays chauds. Amy et son père décident de les y aider et construisent de drôles de machines volantes pour les accompagner.

À nous quatre

Hallie Marshall

Annie et Hallie se rencontrent dans un camp de vacances, aux États-Unis. L'une est une Anglaise très classe, l'autre une Américaine branchée : tout les sépare. Mais, chose invraisemblable, elles se ressemblent... trait pour trait. Elles vont rapidement comprendre pourquoi...

Le bossu

Philippe Morgaut, le roman du film de Philippe de Broca, d'après l'œuvre de Paul Féval

Lagardère, enfant trouvé, un peu voyou, déserteur, voit sa vie basculer pour avoir voulu connaître le secret qui rend invincible le jeune duc de Nevers. Lagardère va devenir chevalier, proscrit, exilé, puis reviendra en vengeur triomphant après avoir découvert l'amitié, l'honneur et, enfin, l'amour...

Mission to Mars

Devra Newberger Speregen

2025. L'homme réalise enfin son vieux rêve : poser le pied sur Mars. Mais l'équipage de la première mission d'exploration est vite confronté à d'étranges tornades violentes, insoutenables, qui semblent intentionnelles. Quel secret se cache sous les sables de la planète rouge ?

Casper

Lisa Rojany

Casper, gentil petit fantôme de dix ans, et ses trois oncles, Crado, Bouffi et Teigneux, hantent les murs de Whipstaff depuis des années. Mais l'avidité des nouveaux propriétaires, prêts à démolir le manoir pour trouver son trésor, rend l'avenir bien sombre. En la personne du docteur Harvey, psychanalyste pour fantômes, et surtout de sa fille Kat, Casper va trouver des alliés inespérés qui vont lui permettre de sauver la situation.

L'Étrange Noël de Monsieur Jack

Daphne Skinner

Halloween est une ville peuplée de monstres hilares et de créatures malicieuses. Leur plus grand plaisir est de se livrer à des plaisanteries macabres. Mais, justement, Jack en a assez de faire peur. Il voudrait faire régner la joie et la bonne humeur.

Inspecteur Gadget

Scott Sorrentino

Il a toujours rêvé d'être policier, il est agent de sécurité. Mais un matin, il se réveille mi-homme, mi-robot : c'est la chance de sa vie... Il va enfin pouvoir aider les autres !

Star Wars / Episod 1 - La menace fantôme

Patricia C. Wrede

Il y a bien logtemps, dans une lointaine galaxie... Un monde est sur le point de basculer. Une jeune reine doit sauver son peuple. Un jeune Jedi est découvert... Toute génération a une légende. Tout voyage a une première étape. Tout histoire a un commencement

Dans chaque volume :

JURASSIC PARK III
TM
Le futur de Jurassic Park est entre tes mains !
DANGER ZONE!
CD-ROM PC/MAC
Jeux d'action et d'aventure adaptés du film Jurassic Park III
Si tu veux en savoir plus sur les CD-ROM Jurassic Park III, connecte-toi sur www.jp3pcgames.com
Les logiciels "Jurassic Park III" © 2001 Universal Interactive Studios, Inc. Jurassic Park III est une marque déposée et la propriété de Universal Studios et Amblin Entertainment, Inc. Une licence Universal Studios Licensing, Inc. Tous droits réservés.

JURASSIC PARK ET LE MONDE PERDU
EDITION VIDEO COLLECTOR
OFFREZ-VOUS TOUTE LA MAGIE
DES 2 PREMIERS VOLETS DE LA SAGA !
69F
PRIX MAXIMUM
CONSEILLE !
EDITION COLLECTOR
JURASSIC PARK
EDITION COLLECTOR
LE MONDE PERDU
JURASSIC PARK
LE MONDE PERDU
JURASSIC PARK
DES BONUS EXCEPTIONNELS :
LE MAKING-OF INEDIT
ET LA BANDE-ANNONCE DE
JURASSIC PARK III
AMBLIN
ENTERTAINMENT
UNIVERSA
13ème RUE
LA CHAINE ACTION ET SUSPENSE
cinexpress
EN VENTE EN VIDEO
Chéri

Imprimé en France sur Presse Offset par

BRODARD & TAUPIN

GROUPE CPI

La Flèche (Sarthe), le 10-07-2001
N° d'impression : 8428

Dépôt légal : août 2001

POCKET jeunesse

12, avenue d'Italie • 75627 PARIS Cedex 13

Tél. : 01.44.16.05.00